El
Turista
Equivocado

Ricardo L Sabogal

2002

El
Turista
Equivocado

Ricardo L Sabogal

Sociedad Peruana de Antropología Visual
Universidad Nacional de Trujillo-CEPRODE
Universidad Nacional de San Antonio Abad del
Cusco

"El Turista Equivocado"
UNIVERSIDAD NACIONAL DE TRUJILLO
CENTRO DE PROMOCION Y DESARROLLO
CEPRODE

UNIVERSIDAD NACIONAL DE SAN ANTONIO ABAD DEL CUSCO

SOCIEDAD PERUANA DE ANTROPOLOGIA VISUAL, SPAV

ISBN-13: 978-1460907979

ISBN-10: 1460907973

BISAC: Social Science / Anthropology / Cultural

Dedicado a mi maestro de antropología José Becerra Castañeda y su familia.

Acerca del Autor

Ricardo L Sabogal es antropólogo peruano, profesor de Ciencias Sociales e idiomas y fundador de la *"Sociedad Peruana de Antropología Visual"*. Sabogal ha realizado investigaciones en Verona y Perugia en Italia; Tambomachay, el Amazonas y Huanchaco en Perú; Texas, New York, New Jersey, Philadelphia, Delaware y Florida en los Estados Unidos de América.

Libros del autor son *Lagartos' Club*; *The No Theory of the Citizens*; *Proactivity and Reactivity in the Andes and Amazonia*; *Paleoaxiology: The Resurrection of Dormant Values*; *Egoculture: Anthropology of the Individual*; *Forgiving the Gods*; *Tup the Fisher*; *Live and Die in Tambomachay*; *The Spanish Teacher*; *The Romantic Latin Piano Guitar Man*; *Manual for Doing Anthropology in Peru*; *The Insurrectionist Anthropologist; Magnanimous; History's Original Natural Born Surfers* y *Privileged People without Pockets*.

CONTENIDO

12

14

INTRODUCCIÓN

La realidad es más interesante que la ficción, y al menos en la antropología, no es necesario inventar nada para poder sorprenderse de que los seres humanos tenemos la extraña cualidad de crear comportamientos, pensamientos, creencias y sentimientos que aún permanecen escondidos dentro del confuso misterio de lo inexplicable. Así, este estudio tiene el principal objetivo de describir un fenómeno sociocultural real observado en el Perú, pero que es común a muchos países: la cultura que se genera en la relación entre los turistas y sus 'perseguidores'.

El tema central del presente libro es la cultura que se crea en torno a los encuentros y desencuentros entre los turistas provenientes de países ricos y sus perseguidores de los países pobres, específicamente del Perú. Un ambiente colmado de expectativas, deseos, desilusiones, prejuicios, mentiras, estereotipos, obsesiones, generosidades y obscenidades. En esta confrontación de diversas cosmovisiones y maneras de vivir se origina una variedad de conductas, opiniones y concepciones que conllevan a consecuencias muchas veces inesperadas e impensables. Un tema de mucha actualidad si consideramos que en nuestro tiempo nosotros nos acercamos cada vez más unos a otros gracias a las mejores comunicaciones, transportes más económicos y turismo más accesible. Hoy en día, los perseguidores de turistas encuentran mejores posibilidades para manifestarse de una manera nunca antes vista.

Primero se expone algunas opiniones de ciudadanos peruanos que interactúan con turistas sobre su propia cultura peruana. Seguidamente se indica las características generales de los perseguidores de turistas y a continuación se desarrolla su tipología o clasificación. Es necesario advertir que las personas que ofrecieron sus testimonios lo hicieron de una manera voluntaria y entusiasta, y además, ellos mismos se consideraron "perseguidores" de turistas de alguna forma.

Es indispensable indicar que la información presentada, si bien breve y sintética, se basa en hechos reales observados y en testimonios corroborados, habiéndose utilizado las técnicas de los grupos focales, las entrevistas en profundidad, las encuestas dinámicas, las historias de vida y en algunos casos la observación participante. Es oportuno aclarar que algunos nombres de lugares y de personas han sido cambiados para evitar suspicacias. También es oportuno advertir que el estilo de la exposición narrativa se ha modificado con el objetivo de facilitar la lectura y evitar un lenguaje ofensivo, siempre respetando el contenido y cambiando únicamente la forma. Además, se ha seleccionado y sintetizado la información más representativa de todos los 150 informantes para evitar tediosas repeticiones y redundancias. Hubiese sido interesante exponer completamente las historias de vida y los estudios de caso, pero por falta de recursos y espacio no ha sido posible. De esta manera, el presente y novedoso estudio tiene el carácter de 'introducción y clasificación' con la intención de motivar futuras investigaciones más completas y profundas.

Agradecemos a todos las personas que colaboraron de alguna manera en la publicación de este pequeño libro. Mi agradecimiento personal a mis maestros en el mundo de la Antropología, Jorge Flores Ochoa, Gabriel Escobar, Washington Rozas, Aurelio Carmona, José Escalante, Eduardo Achútegui, Ricardo Valderrama, Marco Villasante, Oscar Paredes Pando, José Becerra Castañeda, Orlando Velásquez, José Canal, Manuel Castillo, Edgard Peláez Vinces, José Elías Minaya, Mario Millones, Carlos Quispe, David Mottocanchi, Mario Morvelí, José Gonzales Rios, Ramiro Ccoscco, Hugo Blanco, Julio César Farfán, Liliana Mercado, Selena Cervantes, Daniel Escobar, Erik Fuentes, Herman Pancorbo, Rosa Paredes, Efraín Candia, Carmen Olivera, Edwin Rodriguez, Maquela Rozas, Alex Alvarez, Carmen Rosa Araoz, Roberto Quispe, Daniel, Víctor, Marcial, Yoni, Valentín, José, Don Bernardino, Fabiana, Rosa Huaracha, Shirley Luna, Gervasio Achircana, Odilón Arce, y muchos más antropólogos que me enseñaron ideas y conceptos esenciales.

Advertencia

El presente estudio expresa las declaraciones de los
informantes que se consideran ellos mismos
'perseguidores de turistas' y que desean comunicar y
publicar sus opiniones, ideas y experiencias.

LOS PERUANOS

Ciento cincuenta informantes ciudadanos peruanos que interactúan cotidianamente con turistas ofrecieron sus opiniones acerca de los mismos peruanos. Todos nosotros podemos decir muchas cosas sobre la cultura de cualquier país o comunidad. Estos juicios de valor, acertados o equivocados, tienen profundos significados que nos revelan ciertas creencias y sentimientos que nos afectan a todos de alguna manera. Paralelamente al discurso educado, oficial, formal, políticamente correcto, diplomático, o como quiera llamárselo, existe una plática informal, popular, frívola y cruda que denota las verdaderas actitudes y concepciones. El primero es público y se presenta muy bien maquillado ante la sociedad con el fin de su aceptación e idealización beneficiosas. El segundo es íntimo, sincero y se lo comparte con el amigo sin temor al rechazo.

Para poder conocer mejor a los perseguidores peruanos de turistas extranjeros es necesario tener antes una idea del contexto sociocultural del Perú. Esto se logra parcialmente gracias al segundo discurso antes mencionado, el íntimo y sincero. Veamos entonces algunas opiniones representativas del grupo de 150 ciudadanos peruanos informantes de este estudio sobre su propia realidad sociocultural.

Idioma

Los informantes de la presente investigación afirman que el español es el idioma mayoritario y dominante en el Perú, aunque conocen que también se habla el quechua, el aimará y más de cincuenta lenguas amazónicas. A igual que los latinoamericanos, afirman que los peruanos se sienten orgullosos de hablar el español al que consideran un idioma rico en vocabulario y fonéticamente agradable. La sociedad mayor dominante generalmente menosprecia otros idiomas peruanos como el quechua y el aimará. Es más, los mismos parlantes de estas lenguas se sienten muchas veces avergonzados de hablarlas, confiesan. Reconocen que el habla de los limeños ostenta un mayor prestigio mientras que el de los serranos es el peor considerado. El inglés es visto como el idioma universal y su aprendizaje es deseado debido a su importancia simbólica y laboral.

Historia

La totalidad de informantes asevera que el Perú es un país conquistado, derrotado, robado, engañado, menospreciado, traicionado y desesperanzado (esas fueron las palabras resaltantes). Recuerdan que los españoles conquistaron a los incas quienes habían conquistado a otros estados que a su vez ya habían conquistado a otros pueblos y así sucesivamente. Reconocen que fue fácil para los españoles conquistar un imperio cuya población quería ser liberada de otros conquistadores, iguales o peores. Lamentan que todas las guerras las ha perdido el Perú, que todos los héroes peruanos fueron perdedores, y que las tierras, ahora expatriadas, han sido robadas por el enemigo o regaladas por los traidores gobernantes. Critican que toda la historia peruana está plagada de excusas y de fracasos, y les da vergüenza que en las clases de historia de las escuelas los niños aprenden perplejos los sentimientos de inferioridad y de incapacidad.

Pobreza

Los informantes también afirman negativamente que la sociedad peruana es pobre en todas sus dimensiones y que la mayoría de peruanos podría estar en una mejor situación pero se conforma con su miseria. Piensan que esta dejadez se debe a la ignorancia, la deficiente educación y a la mala imagen que se tienen de sí mismos. Se necesita con urgencia respeto, dignidad y ambición, opinan. Creen que la mayoría de peruanos es egoísta, arribista, se aprovecha de los demás y consume su energía en diversión y en conflictos. Por supuesto reconocen que hay mucha gente trabajadora, pero dicen que los gobernantes corruptos, los malos empresarios y todo el sistema colaboran nocivamente en contra de la creación de riqueza y de bienestar.

Corrupción

Los entrevistados 'perseguidores de turistas' opinan que Latinoamérica es sinónimo de corrupción. Declaran: Perú es sinónimo de corrupción, el soborno siempre funciona cuando uno quiere que las cosas que debieran funcionar y que no funcionan para el resto funcionen para uno; la corrupción, el soborno, el robo, el atropello y la injusticia en el Perú se dan en todo nivel y en todo lugar; aquí no es posible tener confianza en la ley, la ley no existe; aquí gobiernan los intereses personales, la anomia, el poder del dinero, los favores familiares y amicales, la soberbia, la matonería, los caprichos, la viveza criolla y la indecencia. Así, tan negativa es la percepción que tienen los informantes peruanos sobre la corrupción en su propio país.

Colonialismo

Otro tema que los informantes criticaron es el colonialismo: los peruanos se sienten colonizados y sometidos a los intereses de los países ricos y de los políticos locales corruptos afirman; los latinoamericanos y los peruanos conforman una colonia que trabaja para sobrevivir, para mantener la corrupción, para pagar la deuda externa y para conservar la mediocridad, la ignorancia, la desidia y el autoritarismo se lamentan.

Idiosincrasia

La idiosincracia también fue abordada por los informantes y expresan que los peruanos prefieren el placer irresponsable y siempre están dispuestos a divertirse en su ambiente muy propio que ellos mismos han creado: música sensual para bailar, cerveza para beber, chistes maliciosos para reír, bromas que evidencian los defectos personales y lamentaciones para llorar. El sufrimiento es parte del gozo declaran, y esta disposición tan espontánea no se produce con la misma fuerza cuando se trata de respetar la ley y las normas. Los peruanos constituyen un pueblo aún adolescente y medio neurótico, declaran. Piensan que pareciera que el sacrificio que soportan en vivir su pobreza los ha paralizado impidiéndoles darse cuenta de que ellos también pueden ser un pueblo desarrollado. Después de todo, los ahora países ricos también fueron pobres alguna vez, recuerdan. Explican que el peruano se caracteriza por su espontáneo y ordinario sentido del humor, su lenguaje burlesco de doble sentido con connotaciones sexuales y su capacidad de tolerancia irreverente ante el abuso en todas sus formas.

Terrorismo

Las personas entrevistadas igualmente hablaron sobre el terrorismo. Expresan que la gente que asesina a personas inocentes obedece únicamente a graves trastornos mentales irracionales. Los terroristas son los máximos productores y creadores de injusticia social, de violación de los derechos humanos, de muerte, de destrucción, de tiranía y de abuso afirman. Indican que en Perú existe terrorismo de estado por parte del gobierno, de los grupos políticos de izquierda, de la derecha y del centro. El terrorista, como todo delincuente, afirman, se beneficia de la debilidad de la actual legislación. Todo criminal comete su delito sin respetar absolutamente nada y violando todo derecho imaginable. Por desgracia, señalan, la ley necesaria para hacer justicia sí debe respetar un sinnúmero de normas y procedimientos paralizantes que benefician a los culpables. Critican que algunas organizaciones de derechos humanos sólo se dedican a defender los derechos de los criminales y no de las víctimas.

Mestizaje

Los informantes afriman que 'oficialmente' se dice que el Perú es un país mestizo, pero este no es el sentimiento ni la práctica de la población. Carecen de importancia los discursos pletóricos y los fundamentos biológicos que no corresponden a la realidad social, declaran. Lamentan que la sociedad peruana es una rígida sociedad de castas en la que se distinguen y excluyen los cholos, los blancos, los negros, los indios, los mestizos y los grupos étnicos amazónicos.

Geografía

La asombrosa biodiversidad peruana, sus cuantiosos pisos ecológicos y sus hermosos paisajes benefician solamente a unas pocas personas privilegiadas, reconocen los informantes del presente estudio. A pesar del mensaje ilusorio de las canciones que se enseñan en las escuelas a los niños, comunican con pena, el trabajador peruano conocedor de su tierra sabe muy bien que el Perú ostenta una geografía accidentada, agreste, abrupta e inhóspita. La costa es considerada por ellos superior a la sierra y a la selva en todos los aspectos sobre la base de la calidad de vida promedio de sus habitantes.

Gastronomía

El orgullo por los platos típicos de las diferentes regiones del Perú destaca entre los informantes. No obstante, aseguran que la exquisitez culinaria sólo está al alcance de los que poseen un poder adquisitivo holgado y de los turistas acomodados. Por desgracia, se lamentan que la desnutrición y la inadecuada alimentación somete y castiga a la mayoría de la población peruana.

Los políticos

Otro tema tocado por los informantes es el de los políticos. Coinciden en que el Perú es un país sin una verdadera clase política, sin un plan nacional y sin ninguna autoridad moral. Dicen con rabia que los pseudo políticos y autoridades farsantes sirven a los intereses de sus bolsillos, de sus familiares, de sus amigos, de los países ricos, de las compañías transnacionales y de los grandes empresarios. El centralismo de Lima es enervante y paraliza el desarrollo de las regiones, se lamentan. Pero la descentralización es vista como la descentralización de la corrupción sin mayor aporte al desarrollo regional.

La justicia

Todos los entrevistados están de acuerdo en que la justicia no existe en el Perú y que este es un país donde impera la injusticia por culpa de la gente perversa, de los usurpadores y de la misma población ineducada y empobrecida que no se siente capaz de enmendar la maligna y perniciosa situación.

La economía

Otro tema abordado por los informantes es la economía. Observan que el subdesarrollo, la pobreza, el atraso, el despilfarro, la corrupción, la mediocridad, entre muchas cosas más, delinean el rostro de la economía peruana. El Perú, afirman, carece de buenos economistas, de escuelas de economía, de autoridades y burguesía nacionalistas. El Perú carece de una cultura económica, se quejan.

Los delincuentes

También los informantes insistieron en hablar sobre los delincuentes. En el Perú, expresan, los delincuentes están libres mientras que la gente honrada está encerrada en sus hogares tratando de protegerse detrás de ineficaces rejas de fierro. Como en todas partes, afirman, los delincuentes peruanos pertenecen a todos los estratos socioeconómicos y pueden exhibir múltiples apariencias desde las más repugnantes hasta las más agradables. Los delincuentes de las clases altas, dicen, son los que roban más, pero jamas pagan sus delitos.

Racismo

Todos los entrevistados aseguran que los peruanos son extremadamente racistas. La raza blanca detenta el mayor poder simbólico, recalcan, en tanto que los cholos, negros e indios padecen el mayor desprecio. Lo sorprendente, señalan, es que el racismo peruano incluye rasgos de autoagresión, autoexclusión y autoinculpación. También expresan que los cholos, indios, negros y mestizos sienten que ellos mismos son inferiores y que no merecen ciertas facultades. Los blancos creen que son superiores por su raza y marginan a los no blancos.

Nacionalidad

El Perú no es una nación se lamentan los entrevistados. Los peruanos tienen diferentes orígenes, diferentes historias y diferentes culturas. Hasta ahora no se ha creado la conciencia de un destino común afirman los informantes. En la pseudo nación peruana, dicen, está ausente una auténtica solidaridad política e institucional. Sobresalen las nacionalidades quechua y aimará.

La mentira

Los encuestados responden que 'el octavo pecado capital', la mentira, es una institución en el Perú. Es una perversión que envilece a la mayoría de las organizaciones y colectividades indican. Las condiciones de vida ineficaces en todos los niveles han ocasionado el recurso de la mentira para poder lograr injustamente lo que se debería lograr justamente, se lamentan.

La burla

La burla fue otro tema de interés para los informantes. Casi todos notaron que burlarse de los defectos por necedad con el fin de ridiculizar a las personas es una costumbre peruana despreciable que implica muchas consecuencias perjudiciales para el bienestar humano.

Ciudadanía

Otra preocupación de los informantes fue la ciudadanía. La estructura social peruana implica una diferenciación y estratificación – incluso la negación – de la ciudadanía, afirman. Se ha engendrado, aseguran, una múltiple sociedad de ciudadanos plenos, ciudadanos de segunda clase, ciudadanos de tercera clase y no ciudadanos.

Los niños

Las personas que dieron su testimonio también comentaron sobre la infancia peruana. La sociedad peruana maltrata a los niños negándoles derechos, cuidados y protecciones, declaran. Confiesan que las clases bajas usualmente deseducan a sus hijos imprimiéndoles sentimientos de inferioridad y de baja autoestima. Por otro lado, opinan que las clases dominantes enseñan a sus hijos a odiar a los hijos de las clases dominadas.

El machismo

El machismo igualmente es un tema que interesó a los informantes, y éstos aseguraron que el varón peruano somete y controla a la mujer impulsado por la educación y la costumbre. El ideal masculino de lo que significa una buena consorte significa una mujer sumisa, hogareña, conservadora, subordinada y continente sexualmente, declaran. Favorecido por el consentimiento de la sociedad, agregan, el varón aprovecha para sí exactamente lo contrario: el ser autoritario, callejero, liberal, independiente y activo sexualmente. También confiesan que la mayoría de mujeres peruanas irónicamente son machistas y aceptan y defienden el machismo institucional.

La religión

La gran mayoría de entrevistados está de acuerdo en que el intrincado y violento proceso histórico peruano ha producido un paralelismo de varias religiones influyentes en la vida cotidiana de los peruanos. Las religiones cristianas, andinas y amazónicas coexisten confundiéndose muchas veces en un mismo ritual, aseguran.

El arte

Muchos encuestados y entrevistados gustan del huayno y de la música andina, y expresan que el antiguo arte musical peruano emana una rara mezcla de tristeza, desamparo, fatalismo, lamentación, dolor e injusticia.

Cosmovisión

Los protagonistas entrevistados del presente estudio afirman que el peruano promedio interpreta exageradamente el mundo de una manera fluctuante que pendula desde la exaltación hasta el aborrecimiento sin permitir una claridad circunspecta y racional. "Se traslada desde el odio hasta la idolatría de una manera pasmosa e irreflexiva", indican.

Educación

Los colaboradores de este estudio también quisieron hablar sobre la educación en el Perú. Según ellos, la enseñanza pública oficial practicada en las escuelas enseña a los niños una miscelánea de confusas contradicciones: la superioridad admirable del conquistador extranjero opuesta a la inferioridad del poblador prehispánico; y al mismo tiempo, la criminalidad y abuso del conquistador extranjero opuesta a la justa y superior sociedad del habitante prehispánico. Por adición, afirman los entrevistados, se enseña a los niños que el Perú es un gran país pero al mismo tiempo se les dice que es atrasado y que el extranjero es más civilizado pero viene a robar los recursos naturales de los peruanos. Afirman que usualmente los profesores de las escuelas someten, subordinan, sobajan y humillan a los pequeños estudiantes impregnándoles el autoritarismo y el servilismo.

En muy pocas palabras, estas son las ideas que tienen los mismos informantes peruanos de este estudio acerca de su propia sociedad peruana. A pedido expreso de ellos, se ha publicado en el presente libro estos puntos generales acerca de sus preocupaciones concernientes con la realidad peruana.

LOS PERSEGUIDORES DE TURISTAS

En todos los países en desarrollo, subdesarrollados, pobres, del tercer mundo, o como se los denomine, ya sean de Asia, América, Europa, África u Oceanía, es posible identificar personas que se dedican exclusivamente a buscar turistas provenientes de los países desarrollados. Tienen muchas motivaciones, intereses, razones, fines y objetivos para hacerlo, y las estrategias y medios de los que se valen son, sin exagerar, casi infinitas. Frecuentan los lugares apropiados en los tiempos adecuados. Siempre con una sonrisa y una predisposición a la amistad alrededor de los turistas jóvenes principalmente. Conocen su oficio y estudian con premeditación las situaciones que se les presentan. Estos singulares personajes son los 'perseguidores de turistas'.

Si bien, aparentemente los perseguidores de turistas conforman un grupo homogéneo, en realidad, pertenecen a diferentes tipos según la combinación de características que poseen y los fines que persiguen. Sobre la base de lo observado y de los testimonios, es posible afirmar que las características sobresalientes de los perseguidores de turistas son principalmente las siguientes:

Xenofilia

La xenofilia es la característica más notoria de todos los perseguidores de turistas aseguran los mismos entrevistados. Ellos sienten una vigorosa simpatía hacia los turistas extranjeros provenientes de los países ricos. Los perseguidores los admiran e incluso los idolatran. Los consideran superiores y presentan una fuerte predisposición para iniciar una amistad deseada. Los perseguidores están convencidos de que los turistas gozan de una educación refinada, tienen mucho dinero, pertenecen a una sociedad superior y disfrutan de un estilo de vida colmado de comodidades. Los turistas son valorados como personas amables, saludables, generosas, atractivas y liberales. Físicamente los turistas son vistos como poseedores de una superior belleza tanto en la forma de sus partes corpóreas así como en el color de sus ojos, piel y cabellos, indican los mismos perseguidores de turistas entrevistados.

Obsesión

Algunos informantes dicen que los perseguidores de turistas sienten una evidente obsesión que los impulsa a conseguir de muchas maneras un 'gringo' o una 'gringa'. Relacionarse con un extranjero es una idea fija persistente, aseguran. Las acciones cotidianas en casi su totalidad, y las consideradas más importantes de ellas, se dirigen hacia la 'posesión' de un turista. La insistencia es tenaz y cualquier oportunidad es pacientemente propiciada y convenientemente aprovechada.

Ociosidad

Algunos entrevistados perseguidores de turistas hablan sobre la ociosidad como factor importante. El tiempo libre es necesario cuando se desea relacionarse con turistas, dicen. El turismo es sinónimo de diversión, ocio, reposo, indolencia y holganza. Los perseguidores de turistas disfrutan de mucho tiempo libre. No tienen oficio conocido ni trabajo estable y deambulan por los lugares apropiados en busca de turistas. Debido a que permanecen intencionalmente casi todo el tiempo dentro del ambiente frecuentado por turistas inevitablemente van a tener algún tipo de contacto con ellos.

Dependencia psicológica

Muchos perseguidores de turistas estudiados expresan que los turistas se convierten en el estímulo necesario que produce una sensación de bienestar en ellos mismos, es decir en sus perseguidores. En consecuencia, los perseguidores buscan la compañía de los extranjeros para sentirse bien. Existe pues una dependencia mental psicopatológica de los turistas por parte de los perseguidores.

Egoísmo

No pocos entrevistados opinan que los perseguidores de turistas son egoístas y creen que merecen la amistad de los turistas y se interesan sólo por su propio interés sin importarles el ajeno.

Clase socioeconómica Baja

Según muchos testimonios de los mismos protagonistas, los perseguidores de turistas pertenecen a las clases socioeconómicas bajas de la sociedad peruana. Carecen de muchos recursos necesarios como para poder sentirse capaces de prosperar por sí mismos. El fatalismo, el complejo de inferioridad, la ineptitud y la marginalidad son sentimientos paralizantes propios de la microcultura de los perseguidores de extranjeros, aseguran. Presentan un bajo índice de desarrollo humano personal, es decir, bajo nivel de educación, de ingresos económicos y de salud. Sobreviven gracias a los favores de los familiares y dependen en muchos aspectos de otras personas. Conviven con el resentimiento social y con una sensación de rechazo y enfado hacia la sociedad por sentirse perjudicados.

Posesividad

Los entrevistados se lamentan de que los perseguidores consideran a los turistas como posesiones personales que no se deben compartir. Su posesión alcanzada con paciencia y esfuerzo conlleva a la dominación y el acaparamiento de la voluntad ajena, opinan.

Hedonismo

La mayor parte de testimonios indica que el placer, la diversión, el relax, el sosiego y la holgazanería son cualidades que distinguen el estilo de vida de los perseguidores de turistas. Los entrevistados manifiestan una notable predisposición al placer y una poderosa aversión hacia el trabajo. El hedonismo se convierte en una adecuada arma en la caza de turistas debido a que los perseguidores son conscientes de que los extranjeros buscan diversión.

Soberbia

Muchos informantes aseguran que la soberbia es una particularidad especial de los perseguidores de turistas. Ellos sienten un persistente deseo de ser admirados por los extranjeros y por otros perseguidores, afirman. Su estimación excesiva e irreal de sí mismos con menosprecio de los demás se sustenta en la conquista de los extranjeros, es decir, su soberbia es proyectada a los turistas y depende de los turistas. El mérito no es propio, sino que radica en el turista y en la habilidad probada de lograr su compañía. Los perseguidores tienen un apetito desordenado de ser preferidos por los turistas en detrimento de otros perseguidores.

Locuacidad

La facundia, la verbosidad y la locuacidad son habilidades adquiridas por los perseguidores de turistas a través del tiempo y de la experiencia con el fin de cautivar la atención de sus foráneos interlocutores. Los informantes perseguidores dicen que usar frases simpáticas y discursos apropiados es provechoso para iniciar las amistades codiciadas. El dominio de una labia graciosa y persuasiva es un instrumento que ayuda eficientemente a conseguir la simpatía y estimación de los extranjeros, afirman con seguridad.

Envidia

Los mismos perseguidores afirman que el éxito de otros perseguidores que logran la amistad de los turistas causa tristeza y pesar en el perseguidor que no lo ha conseguido, es decir, causa envidia. Se genera un sentimiento de dolor interior o pesar del bien ajeno: el turista extranjero que otro lo posee y no uno mismo.

Amoralidad

Casi todos los entrevistados opinan que el comportamiento de los perseguidores carece de sentido moral. Debido a la necesidad de conseguir la alianza y amistad del turista se acepta su conducta sin susceptibilidad de calificación moral. Los perseguidores no juzgan a sus objetos de culto y de deseo.

CLASES DE PERSEGUIDORES DE TURISTAS

La tipología de los perseguidores de turistas corresponde a una clasificación ideal. Los tipos se clasifican atendiendo ciertas características comunes que comparten cada uno de ellos. Cada tipo se diferencia de los otros porque contiene cierta combinación de características y diferentes tipos de perseguidores también pueden tener en común ciertas características. Además, la clasificación se fundamenta igualmente en las motivaciones, los medios y los objetivos que presentan los perseguidores en su búsqueda de la compañía extranjera. En la práctica, muchos perseguidores de turistas pertenecen a varios tipos a la vez o se trasladan de un tipo a otro dependiendo de las circunstancias, las necesidades y las oportunidades.

Los Nupciales

"Yo me voy a casar con un gringo con dinero
porque si me caso con un peruano voy a estar en la
cocina toda mi vida llorando mi pobreza"

Una chica de Lima que vive en Cusco.

Según los entrevistados que conocen sobre este tipo de perseguidor, el matrimonio con un ciudadano extranjero de un país rico es el principal objetivo de los perseguidores nupciales de turistas. Estos buscadores de turistas desean asegurar su futuro económicamente y están convencidos de que si permanecen en el Perú van a empeorar sus vidas debido a la endémica mala situación económica. Sin la capacidad de encontrar otra solución y sin los deseos de soportar el sacrificio que implica vivir en el Perú, los nupciales creen que casarse con un extranjero de un país rico es la única solución. Tienen sus propias expectativas que la realidad peruana no satisface, quieren manejar un auto nuevo, ganar suficiente dinero para comprarse ropa de marca en centros comerciales modernos, habitar en una casa moderna con equipos en la cocina que 'hacen de todo' y viajar por Europa en las vacaciones.

La imagen del Perú es negativa para los nupciales. Es un país atrasado, pobre, sin oportunidades y sin seguridad emocional ni económica. Por el contrario, los países ricos son vistos como lugares bellos, agradables, prósperos y prometedores; lugares colmados de comodidades, modernidad, lujos y opulencia.

Como todos los perseguidores, los nupciales frecuentan lugares turísticos donde es más fácil iniciar una amistad con los extranjeros. Consiguen información necesaria sobre la situación económica de los países desarrollados concerniente a los sueldos, la cultura, el nivel de vida, la situación legal en el matrimonio con extranjeros y otros aspectos relevantes que facilitan o dificultan la migración a través del matrimonio.

Los perseguidores nupciales son en mayor número mujeres jóvenes con un bajo porcentaje de varones. Para ellas es relativamente más fácil conocer un extranjero. Los entrevistados opinan que los nupciales son de clase socioeconómica baja, de un escaso nivel de educación, frívolos y sexualmente liberales. Están dispuestos a tolerar muchas cosas con tal de conseguir sus fines. Muchas de las mujeres nupciales odian el machismo latino y la dependencia emocional y económica de la mujer hacia el varón. Son individualistas, interesadas, egoístas y muy calculadoras, dicen algunas informantes.

Paola es una chica guapa, joven y alegre... "Mi madre sabe que yo busco un gringo para casarme y ella está de acuerdo. Es una buena alternativa para asegurar mi futuro y para salir de la pobreza. Además, a mí me gustan los extranjeros y no los peruanos. Es mi gusto y así soy yo. Claro, también he tenido enamorados peruanos, pero la verdad, no me atraen ni veo un buen futuro con ellos. La situación en el Perú es horrible para todos. No hay trabajo, y si lo hay, se gana poco. Cada vez estamos peor. Y por último, si uno está bien de qué sirve, todo lo que nos rodea es pobreza en este país. Yo soy una chica liberal y moderna. Los peruanos son machistas e ignorantes y esto no me gusta. Yo he leído mucho y veo muchos programas extranjeros en televisión. También conozco varias chicas casadas con extranjeros que viven muy bien. Ah, la historia de mi amiga Dalia. Ella vivía en el Cusco, pero ella es limeña. La conozco desde niña, ella siempre quería progresar y sobresalir. No es conformista como la mayoría. Dalia sabía muchas cosas y estaba bien informada. Conocía muy bien la situación de cada país, sobre la economía, los sueldos, la cultura, la dificultad de los papeleos para la visa, las leyes sobre migración, visa de noviazgo, residencia, todo. Con esa información ella sólo hacía caso a ciertos extranjeros de determinados países. Bueno, en Cusco le fue muy bien. En Lima era más difícil encontrar un extranjero. Ellos se quedan pocos días en la capital peruana porque a la mayoría no le gusta Lima y si pasan por aquí es por necesidad y por el aeropuerto internacional. Ella me contó que al principio tuvo problemas con las bricheras, es decir con las cazadoras de gringos, porque eso sí, ni ella ni yo somos bricheras. Esas son unas putas y ladronas. Nosotras somos chicas normales que nos gusta los gringos, nada más. Bueno, ella me enseñó muchas cosas que ahora me sirven para encontrar mi media naranja. A los gringos les gusta las latinas porque somos más femeninas y hogareñas. Todos me dicen que en su país las chicas sólo se interesan por el dinero. Las latinas somos diferentes, a nosotras nos gusta la vida familiar, los niños, la cocina. Yo he conseguido un trabajo en un hospedaje de gringos. Allí puedo conocerlos. Vienen de muchos países, pero eso sí, yo sólo salgo con el que me cae bien y con el que viene de un país desarrollado. No me desespero, si algún día consigo una buena pareja será el destino el que lo diga. Algunos son unos sinvergüenzas y sólo quieren divertirse conmigo. Bueno, esos son riesgos inevitables. De todo me ha pasado y hasta ahora no he encontrado lo que busco, pero ya llegará. Bueno, cuando estuve en Cusco había chicos de todas partes del mundo. Conocí muchos israelitas y franceses. Yo sé que en Israel se gana bien, pero un judío americano me dijo que ni me metiera con un israelita porque iba a sufrir. Bueno, algunos son simpáticos y otros no. En cada país hay de todo. Ahora estoy en Lima y siempre salgo con los turistas para enseñarles la ciudad. Después de mucha experiencia, ahora prefiero a los canadienses y americanos. Son más tratables. Mi sueño es casarme con un norteamericano y vivir bien. El lugar no importa mucho, puede ser aquí mismo en el Perú. Lo importante es que no sea machista y que tenga dinero, y claro, que nos llevemos bien. Por estar tanto tiempo con los gringos sé hablar inglés y un montón de frases en muchos idiomas. Bueno, algunos creen que estoy loca, pero no es así. Si prefiero un extranjero es para vivir mejor. Ahora sé que debo tener cuidado porque no todos los gringos son buenos. Hay gente mala en todas partes. Hace mucho tiempo conocí un alemán que era un enfermo. Casi nos casamos y yo estaba ilusionada, pensé que al fin había llegado mi momento, pero el tipo me puso un montón de condiciones. Que yo no podía trabajar, que sólo debía dedicarme a criar a los hijos, que debía cocinar, lavar la ropa, etc., etc. Era peor que los latinos. Vinieron sus amigos de Alemania y uno de ellos me dijo que mi novio había venido al Perú solamente para encontrar una mujer que le haga todo lo que él quería porque en Alemania ninguna mujer le aceptaría esas cosas. Sus propios amigos lo delataron. Felizmente pensé bien y no acepté. Ya encontraré un buen hombre".

Los Cibernéticos

*"Gracias a mi brother Bill Gates y al internet puedo
conocer a un montón de gringos de un montón de
países"*

Una chica en una cabina de internet.

Si bien el buscador de turistas cibernético puede tener varios fines comunes a otros tipos de perseguidores, se diferencia esencialmente porque utiliza exclusivamente el internet en su persecución. En este caso los extranjeros ubicados en la red son considerados turistas porque el navegar por las páginas web de diferentes países es también una forma de hacer turismo.

Los cibernéticos dedican mucho tiempo a navegar por el internet desde una computadora alquilada en alguna cabina pública. Por ser páginas web elaboradas explícitamente para contactar personas, son preferidas las salas de chat, los clubes de amistad y los messengers. Los cibernéticos prefieren la relación a través del internet porque así se sienten más seguros y tienen un mayor control y libertad para expresarse sin el temor a la interacción personal directa. Sienten que en frente del monitor de la computadora es posible atreverse a decir muchas cosas que personalmente no se atreverían. Además, casi la totalidad de los cibernéticos es poco hábil para iniciar una conversación con un turista en persona.

Vemos pues que la característica principal del perseguidor de turistas cibernético es su preferencia por interactuar con los extranjeros a través del teclado, el mouse y la pantalla de la computadora.

"Las cabinas de internet son mi hogar, paso allí horas y horas sin cansarme, mientras otros se vacilan en los juegos en línea yo me vacilo conociendo personas de países lejanos. Las salas de chat son mi pasión, puedo conversar de todo con todo el mundo", declara Lalo, un inquieto cibernauta trujillano quien continúa ilustrando sus conocimientos... "En el internet existen salas de chat sobre cine, historia, romance, sexo, fútbol, música de los ochenta, política, sobre todo lo que quieras. Yo me meto a cualquier sala con tal de conocer gente de varios países y trato de hacerme amigo de todos. Antes sólo me metía a las salas de chat en español porque yo sólo sabía español. Ahora que ya he aprendido un poco de inglés, prefiero meterme a las salas en inglés porque conoces gente de mejores países. Antes conocía gente de Latinoamérica y de España nada más. No me gustaba las salas de los españoles porque hablan tonterías y son unos enfermos. Las salas españolas están plagadas de morbosos, enfermos y maricones. La verdad, en cualquier sala de cualquier país encuentras gente enferma. Antes yo entraba a cualquier sala y leía las conversaciones antes de escribir alguna palabra, y la verdad que daban asco las conversaciones. Qué manera de perder el tiempo y qué estupideces enfermizas las que se dicen. Los países adelantados son países en decadencia. Seguro que tienen lo mejor, pero también tienen lo peor.

Hay salas de chat donde puedes conocer la gente más repugnante, y casi siempre estas salas son de los países adelantados. La gente de los países atrasados es menos enferma. Ahora escojo salas en inglés donde conozco gente bacán. No me importa si son salas feministas o intelectuales, lo que me importa es que voy a conocer gente".

Por su parte, Micaela ha conocido muchos amigos a través de los clubes de amistad. Intercambia fotografías, poesía y música, y si se da el caso, recibe llamadas de larga distancia internacional. Ella prefiere conocer chicos europeos, y si son nórdicos, mucho mejor. Ella explica que el internet es la mejor invención del hombre. Está muy feliz de poder conocer gente de lugares tan lejanos como Oslo o Estocolmo. Micaela siempre se ha sentido atraída por los países escandinavos y asegura que los suecos y noruegos son los más civilizados del mundo... "Lo que me cuentan mis amigos suecos es increíble, aquí en el Perú vivimos en la Edad de Piedra, con razón cuando mi amiga viajó a Alemania pensaban que ella vivía en un choza y que usaba plumas en su cabeza. Una señora que ha viajado muchas veces a Europa dice que allá todo es ordenado y limpio. Holanda, Dinamarca, Suiza, España, Italia, Inglaterra, Francia, Austria, Bélgica, todo, pero todo es hermoso. Sus parques, sus palacios, sus calles. Los europeos nos llevan años luz de adelanto. Por eso es que hasta los gasfiteros y albañiles vienen al Perú a pasearse mientras que nosotros no llegamos ni a la esquina. Está bien, también en el internet se encuentra gente muy mala y hay páginas web pornográficas para pedófilos, sadomasoquistas, zoófilos, necrófilos y todo tipo de gente enferma. Yo sólo me intereso por los clubes de amistad y por conocer gente simpática y con buena onda. Siempre es bueno conocer gente de todas partes. Algunos me envían regalos, intercambio información, tal vez encuentre un novio, o de repente algún día viaje al extranjero y tenga una casa donde quedarme".

Tancredo cuenta que comparte sus experiencias en la red mundial... "Mi pasatiempo es el internet. Allí puedo conocer gente de todo el mundo. Ahora soy un experto, pero al inicio metía la pata a cada rato. Quería conocer chicas europeas o norteamericanas para ver qué salía, así que me suscribí a las páginas que sirven para buscar personas. Llenaba los formularios con mis datos y escogía el perfil de mi gusto: yo buscaba chicas solteras, jóvenes y en busca de novio. Pero como puse que yo era peruano, sólo me llegaban perfiles de chicas peruanas ¡Y yo lo que quiero es conocer gringas, no peruanas! Para eso me voy a las polladas. Entonces, lo que hice fue buscar chicas americanas en algunos buscadores, y qué pasó, empezaron a llegarme un montón de páginas pornográficas a mi correo. Yo rechazaba y rechazaba, y seguían llegándome las malditas páginas. La gente de la cabina pensaba que yo era un degenerado. Así que cambié mi estrategia. Me metí a salas de chat románticas. Yo estaba feliz porque pensé que al fin lograría conocer chicas bonitas. Empecé a chatear con chicas que parecían interesantes, algunas con nombres seductores: Miluska, Ninoska, Kika, Hotgirl, Bombagirl, pero que pasó, ¡todas resultaron ser una tira de maricones que se hacía pasar por mujeres! Bueno me dije, son gajes del oficio. Después de pensar muy bien en mi próximo movimiento, decidí suscribirme a una página estadounidense que contacta personas con fines amicales o románticos. Y lo hice. Pero como era sólo para americanos, me hice pasar por americano, puse una dirección gringa, un código postal gringo y todos los datos gringos. Estaba emocionado porque de seguro me iban a llegar respuestas de un montón de gringas mamacitas. Coloqué una foto mía retocada y exageré un poco en los datos de mi perfil para impresionar a las chicas. Esperé algunos días con un poco de impaciencia y por fin empezaron a llegar correos de chicas que habían leído mi perfil y que querían conocerme. Eran como diez mujeres espectaculares. Yo saltaba en un pie de alegría y en la cabina todos me miraban y creían que seguía siendo un degenerado. Así que hice click en todas las fotos que me enviaron para ver sus perfiles y sus emails y así poder responderles a cada una de ellas. Pero, ¿qué pasó esta vez? pues apareció un aviso que me pedía cancelar no sé cuántos dólares con mi tarjeta de crédito que nunca he tenido en toda mi pobretona vida. Qué jodidos estos gringos, todo lo ven dinero. Y yo sólo buscaba un poco de amistad. Bueno pues, así es la vida. Pero como el que la sigue la consigue, busqué y encontré un club del amor que era totalmente gratis. Al menos eso decía. Y yo pensé que el dueño de la página debía ser un santo con una nube asegurada en el cielo. También era un club de Estados Unidos, así es que otra vez me hice pasar por un gringo. Respondí a todas las preguntas del formulario y envié mi perfil, no sin antes cruzar los dedos con toda mi fuerza. Al día siguiente me llegó un email con una docena de fotos de unas chicas lindísimas, pero todas eran rusas y ucranianas que estaban buscando americanos para casarse y poder emigrar a los Estados Unidos de América".

Los cosmopolitas

"Me gusta conocer gente de diferentes lugares y culturas"

Un camarero de un restaurante.

Grosso modo, los cosmopolitas experimentan una gran fascinación por la diversidad cultural que irradian los distintos turistas. Se sienten atraídos fundamentalmente hacia las representaciones culturales que proyectan los extranjeros originarios de los países ricos. Indudablemente, el turista en sí mismo con su fisonomía distintiva, es la parte esencial admirada de la cultura foránea a la cual pertenece. Los cosmopolitas defienden su estilo de vida muy particular afirmando que ellos prefieren la compañía de los extranjeros porque aprenden sobre culturas lejanas permitiéndoles ampliar su horizonte cognitivo. Ansían los viajes, principalmente a los países europeos y norteamericanos; y son bastante curiosos de las costumbres y tradiciones que se practican más allá de las fronteras.

"Las fronteras y los pasaportes no deberían existir. Son una vergüenza para la humanidad. El principal interés en mi vida es conocer el mundo, conocer la humanidad. Mejor dicho, aprender de otros países sus culturas, sus conocimientos y sus visiones. Por supuesto, me refiero a las sociedades avanzadas y desarrolladas. De ellos se puede aprender muchas cosas buenas e interesantes", declara con convencimiento una delgadísima guía de turista que se especializa en viajes místicos y chamanismo. Y continúa con una impresionante suavidad en sus palabras: "Yo soy una ciudadana del mundo. Para mí, el mundo es mi patria. Por desgracia soy peruana y pertenezco al tercer mundo. No gano el suficiente dinero para poder viajar y me exigen la visa para entrar a cualquier país. Mala suerte de haber nacido aquí. Una amiga mía de Noruega me dijo una vez que ella tenía suerte de haber nacido en Noruega. Ahora comprendo... Como soy guía mística conozco un montón de turistas. Esto no es un verdadero trabajo, es un pasatiempo. No viajo, pero puedo conocer muchas culturas a través de los turistas. Me interesan los países de Europa y Estados Unidos. También Canadá y Australia. Es interesantísimo conocer gente de los países avanzados, se aprende muchas cosas y uno se da cuenta del por qué estamos atrasados en Perú. Aquí estamos en el siglo dieciocho. En Europa piensan ya en cosas súper avanzadas. Los europeos han superado todas las creencias atrasadas y son súper liberales. Tú puedes hacer lo que quieres y nadie te dice nada. Son súper individualistas y se independizan bien jóvenes. Tienen sexo libre, maduran rápido, viven solos, se van de la casa apenas son mayores de edad... Aquí estamos atrasados. Eso sí, como ya tienen todo quieren buscar más cosas, por eso vienen al Perú para buscar conocimientos ancestrales y espirituales. Yo hago turismo místico con los europeos. Les enseño el significado de la vida según la religión andina. Ellos han perdido su fe y sus creencias. Yo aquí les enseño que hay algo más en este mundo. Les hago rituales con unos amigos míos que son chamanes, les doy plantas alucinógenas y alcohol para que se unan con la divinidad y con su propio espíritu. Y hacemos muchas cosas más. De esta forma gano un poco de dinero y me divierto. Al final, los gringos se van felices".

Los lingüistas

"Yo busco a los turistas para aprender inglés"
Un tutor de español.

Los perseguidores lingüistas desean practicar un idioma extranjero por medio de la conversación con los turistas. Casi todos son jóvenes desocupados que quieren conocer una lengua extranjera porque lo necesitan para poder realizar ciertos trabajos. Este tipo de perseguidor es muy escaso.

"Qué puedo decir, la gente me confunde con un brichero, enamorador de turistas, y eso no me gusta. Creen que soy un delincuente. Yo quiero trabajar en un crucero y necesito hablar bien el inglés, y si se puede, otros idiomas como el italiano. Sólo por esta razón estoy todo el día aquí en la playa buscando turistas para poder conversar. Ahora no tengo trabajo y aprovecho mi tiempo para aprender idiomas. Hacer esto no es fácil porque los turistas son desconfiados. La mayoría de ellos ya vienen preparados y saben que aquí hay muchas personas que quieren engañarles y robarles. También muchos de ellos ya vienen recorriendo diferentes países sudamericanos y han tenido experiencias muy malas. Por eso yo me acerco a ellos de una manera muy educada y les explico que quiero practicar el inglés solamente. Algunos son educados y conversan conmigo, otros se fastidian y evitan la conversación. Lo que yo hago es simplemente conversar con los turistas y nada más. Les pregunto sobre sus viajes y sus países. Ellos normalmente me preguntan sobre el Perú y sobre mi interés en aprender el inglés. Les explico que quiero trabajar en los cruceros y que me exigen conocer el idioma. Al final me despido y les doy las gracias..." explica un joven trujillano.

En una escuela que preparan aspirantes para trabajar en cruceros, la profesora de inglés les aconseja a sus alumnos que practiquen con los turistas. Los estudiantes se ríen de la idea y piensan que es un poco difícil buscar turistas para poder conversar. Son tímidos y creen que los turistas se van a incomodar con sus pretensiones. Muchos lo han intentado pero se quejan de que es una pérdida de tiempo. Para poder encontrar un turista dispuesto a conversar se necesita mucha paciencia y mucho tiempo. Por otro lado, las mujeres suponen que si se acercan a los turistas varones, éstos van a pensar de que ellas son unas bricheras o prostitutas... "¿Buscar gringos para practicar el inglés? ¡Qué vergüenza! Van a pensar que queremos algo con ellos".

Los comisionistas

"Para mí los turistas significan mi salario"

Un trabajador de una discoteca.

Los comisionistas persiguen a los turistas con la intención de venderles algún bien o servicio y ganar un porcentaje de la transacción. Ofrecen hospedaje, comida, rollos de película, tours, artesanía, música, pasajes, transporte, servicios de guía turística y pases para las discotecas.

"Conseguir que un turista entre al restaurante es difícil debido a la competencia", comenta un camarero de un restaurante cusqueño. "Mi trabajo consiste en invitar a los turistas para que coman en el restaurante. Les enseño el menú, les digo los precios y les doy toda la información que necesitan. Tengo que llamarlos en sus respectivos idiomas según su nacionalidad, para esto tengo el ojo entrenado para descubrir de qué país vienen. A veces me equivoco, pero en fin, casi todos entienden el inglés. Reconocer un israelita es fácil, también un italiano, un francés, un japonés, un alemán o un americano. Si veo que se acerca un israelita le hablo en hebreo, si veo a un francés le hablo en francés. He aprendido a decir varias frases en varios idiomas, sólo frases útiles en este negocio como saludos, el nombre de la comida, los precios y los ingredientes de los platos. Si vienen acompañados por un brichero, entonces trato de convencer al brichero. Por eso es que no me meto en problemas con los bricheros porque si lo hago, hablan mal del restaurante a los gringos. Yo conozco un montón de bricheros que son unos delincuentes, pero no digo nada. Cada vez que pasa un gringo por acá, todos los mozos nos acercamos para tratar de que entren a comer. Parecemos sanguijuelas. Apenas se aparece un grupo de gringos, allí estamos acosándolos. Algunos se ríen, otros se molestan. Es jodido ser gringo en el Cusco. Imagínate no poder caminar ni siquiera una cuadra sin que te jodan. Si eres gringo, te fastidian los mozos, los artesanos, los mendigos, los bricheros, los canillitas. Tratan de venderte todo, postales, tours, chompas, cerámica, bufandas, artesanía inca bamba, comida, hospedaje, lustrada de zapatos, droga".

Agotado por la larga jornada, con los ojos vítreos y la piel quemada, una vendedora de rollos de película expresa su realidad: "Yo voy a los lugares donde están los turistas. Recorro sitios arqueológicos, iglesias, conventos y museos. Allí busco a los turistas para venderles baterías y rollos para sus cámaras fotográficas. Debo caminar todo el día y a veces se vende muy poco. Los persigo por todos lados, y si tengo suerte, se les acaba el rollo o las pilas. Sé algunas palabras en inglés, lo suficiente para poder vender. De tanto recorrer, ya conozco a los ladrones y a los bricheros. Pero yo no me meto, sólo les digo a los turistas que tengan cuidado, nada más. No vaya a ser que me hagan daño. Y por último, si los turistas se meten con los bricheros es porque son de la misma calaña, no porque sean gringos son unos angelitos. Arriba en Sacsaywamán, que algunos llaman sexy woman, hay unos chistosos que se creen brujos con poderes. Allí van a rezar y a hacer sus ritos. Esos sinvergüenzas sólo lo hacen para conseguir gringas y para robarles su dinero. Esos bricheros que dicen que son místicos son unos estafadores. Y los gringos babosos les creen. Son muy zonzos los gringos. Hay un payaso que viene todas las mañanas a Sacsaywamán. Es un brichero. Se pone a rezar con las manos en alto mientras mira de reojo si algún gringo ingenuo se acerca. Y cuando ve que alguna gringa tonta se queda mirando curiosa, él la saluda y le suelta todo el cuento. Si la gringa cae en la mentira es porque es una cojuda y se lo merece. También hay mucho ladrón que espera que los gringos estén solos para robarles. Todos esos malogran el turismo en Cusco".

La señora Julia detalla su trabajo: "Desde la madrugada estoy vendiendo mis chompas. Espero al lado de los buses que llevan a los turistas a las ruinas y allí vendo mi artesanía: guantes, chompas, bufandas, pulseritas, llaveros, aretes, bolsas y billeteras. Todo el día estoy vendiendo en la calle. Yo no tengo un puesto para vender, así que debo buscar turistas por las calles. A veces se vende, a veces no. Si llueve, se malogra la venta. Los americanos son los mejores clientes, pagan bien, son amables y no piden descuento. Los israelitas son los peores, son malcriados y no quieren pagar. Los franceses tampoco no pagan su precio, ni los italianos, ni brasileños. Los mejores son los de Estados Unidos. Los turistas siempre piden rebaja y son desconfiados. La culpa es de los comerciantes que son unos mentirosos. Aquí en Cusco engañan a los turistas, por eso es que algunos ya vienen preparados y ya saben. Pero es igual para ellos, aquí es barato porque tienen plata y en su país todo es caro".

"Yo doy pases para las discotecas", relata una linda y educada chica cusqueña. "Camino por la plaza de armas buscando turistas y les doy a todos los gringos su pase y su *free drink*. Por si acaso, yo tengo mi enamorado y no me meto con gringos, no me gustan. Sólo hago mi trabajo. Es un poco cansado y tengo que estar todas las noches aquí en la calle con frío. Los *free drinks* les damos a los turistas para que vengan a la discoteca, no les damos a los cusqueños porque no consumen y el dueño no quiere que los cusqueños entren al local porque sólo van para conseguir gringas. La discoteca es sólo para extranjeros. Ellos consumen y les damos el primer trago de cortesía para que no vayan a otro local. La verdad, todas las discotecas dan tragos gratis, así que la competencia es fuerte. Si los cusqueños están con un gringo, entonces también les damos un *free drink,* si no, no. O sea, no les damos *free drinks* a los cusqueños cuando están solos, solo si están con gringos. La verdad, los cusqueños se quejan de que las discotecas son racistas. Tal vez sea así. La verdad es que se permite el ingreso de turistas porque ellos sí gastan su plata y los cusqueños no. También porque el dueño dice que los cusqueños van a fastidiar a los turistas y que ellos quieren estar con otros turistas. Yo no sé. Algunos bricheros entran a las discotecas porque son amigos de los porteros. Y los bricheros son indios y cholos, así que creo que no es racismo. Además, los porteros que no dejan entrar a los cusqueños son indios o cholos, así que no puede ser racismo. En la discoteca, los porteros son limeños y uno de los dueños es de Lima también. La verdad, a mí no me gusta el ambiente dentro de las discotecas. Hay mucha droga y mucho brichero. Las bricheras son prostitutas y rateras. Los bricheros son unos ladrones. Muchos turistas que vienen a Cusco son jóvenes y vienen a buscar drogas. Aquí hacen lo que quieren, vienen a emborracharse y a drogarse. La mayoría es de clase baja en su país y no tiene mucho dinero. A mí me da asco ver tantas cosas feas todas las noches. Cada quien se merece lo que se merece. Porque antes yo pensaba que los gringos eran unos santos, pero la verdad, muchos vienen a buscar sexo y drogas de la peor forma. Y allí están los bricheros. Claro, como los gringos no están en su país y aquí nadie los conoce, no sienten vergüenza. El gobierno debería promover el turismo de calidad. Lamentablemente, al Perú vienen turistas de tercera clase sin dinero y sin educación mayormente. Vienen mochileros estudiantes, consumen menúes, pagan hospedajes baratos, no compran nada, no dejan propina. Deberían venir turistas de las clases altas que dejan dinero. Un solo turista de calidad deja más dinero que una docena de mochileros".

Los emigrantes

"Me tengo que ir de este país como sea"

Un estudiante desocupado.

El Perú es un país de emigrantes efectivos y potenciales. Los peruanos que se fueron ya lo hicieron, los que no pueden quieren hacerlo. La 'crisis' política, social, cultural y económica creada por los gobernantes en complicidad con sus electores, y que en realidad no es crisis, sino endemia, continúa forzando a los peruanos a dejar sus hogares en busca de un futuro digno que les es negado en su propia patria. Los perseguidores emigrantes de turistas aspiran escapar de su pobreza gracias a la ayuda de algún extranjero generoso.

La migración se explica con el binomio expulsión - atracción. Así, la dicotomía de los estados se clasifica en países atractivos y en países expulsores. Es cierto que existe una continuidad entre los dos polos opuestos de atracción y expulsión donde se ubican y ordenan los países de acuerdo a su realidad migratoria. Algunos países son difíciles de clasificar debido a que atraen y expulsan casi en la misma proporción. Otros países pertenecen a una sola clase. Estados Unidos es el país inequívocamente situado en el polo de la atracción. El Perú también es un país fácilmente ubicado, pero en el polo de la expulsión.

La noche estival era lánguida y eterna. La luna inmensa iluminaba con suavidad el inmenso mar y el fragor de las insistentes olas ocultaba cada palabra de cada conversación. Los amigos y enemigos bebían del mismo vaso el mismo licor, y cada uno de ellos revelaba con sutileza sus experiencias, sus anhelos, sus aberraciones y sus desilusiones...

-   "Jodidos pero contentos", gritó ebrio alguien desde la orilla.

- "Claro, en el Perú estaremos mal, pero hacemos lo que queremos", exclamó otro embriagado.

- "¿Alguien puede decirme si en Estados Unidos o en Europa te dejan tomar cerveza en la calle, manejar borracho, orinar en la calle o hacer bulla a las tres de la madrugada? ¡Eso puedes hacerlo sólo aquí!", exclamó otro con orgullo.

- "Así es", gritaron todos.

- "Aquí estamos en el paraíso. No hay trabajo, no hay dinero, pero hay plata para comprar cerveza y para estar con los amigos", aclaró alguien más riéndose.

- "Sí, esto es vida, por eso a los gringos les encanta venir"

- "Yo sí me quiero ir", dijo con voz fracasada el 'Angelito', personaje facineroso conocido por todos.

- "¿Para qué te quieres ir a sufrir? no te vayas", le aconsejaron.

- "¿Qué pasó, no te dieron la visa?" le preguntó el 'Julio Verne', apodo que se lo había ganado desde muy pequeño por mentiroso y fantasioso.

- "Les voy a contar lo que me pasó sólo porque estoy borracho", le respondió parsimonioso 'Angelito'. Este apodo le habían puesto en el colegio porque siempre hacía 'diabluras' en clase y porque en una obra de teatro se disfrazó de angelito causando risotadas en todos sus compañeros.

- "Habla no más", le pidieron todos.

- "La verdad, yo he ido a la embajada de Estados Unidos cuatro veces, y las cuatro veces me negaron la visa. La última vez que fui, el cónsul desde lejitos no más me dijo no con su dedito".

- "Ja ja", se rieron todos.

- "En serio, había casi quinientas personas en la embajada, todos con unas caras de angustiados y a casi nadie le dieron la visa"

- "Cuenta cómo es eso, yo nunca he ido a la embajada", se interesaron algunos.

- "La cosa es así, vas a la embajada, el cónsul te hace algunas preguntas, y en menos de dos minutos te dice sí o no. A mí me negaron cuatro veces. Y eso que fui con terno y con una corbata espectacular que me prestó mi tío. A mi amigo también le negaron y se puso a correr todas las mañanas desde la ciudad hasta la playa. Corría más de veinte kilómetros diarios. Todas las mañanas salía a correr el desgraciado. Un mes, dos meses, tres meses y más se la pasó corriendo. Yo me preguntaba por qué tanto corría. Y él no me decía nada. Después me enteré que ya estaba en Estados Unidos y que había cruzado la frontera corriendo desde México. Por eso corría el jijuna, parecía Forrest Gump. Ya decía qué raro, si él nunca había hecho deporte en toda su miserable vida. Había pagado en Lima a unos especialistas que te preparan para llevarte a Estados Unidos. Le enseñaron a hablar como mexicano, aprendió el himno nacional de México, la geografía mexicana, las costumbres mexicanas, la jerga mexicana, los chistes mexicanos, todo. Se convirtió en mexicano. Así, si lo agarraban en la frontera lo regresaban a México no más y volvía a intentar otra vez. Su hermano me contó que pagó a los que te llevan, la mitad en Lima y la otra mitad al llegar a Estados Unidos. Pero me dijo que el viaje es bien feo. Yo creo que no lo hago. Los coyotes, así se llaman los que te hacen pasar la frontera, llevaron un grupo de veinte personas. Tenían que correr durante la noche. En el grupo había una señora de edad y también tenía que correr. Pobrecita la señora, no podía correr tan rápido. Se quedó atrás y mi amigo no la volvió a ver nunca más. Él llegó primero del grupo porque se había entrenado".

- "¿En serio?" preguntaron algunos prestando más atención.

- "Sí", respondió muy serio el 'Angelito'.

- "Sí, es cierto", intervino el 'Loco Camote', el mayor de todo el grupo, "En el desierto de Arizona hay un montón de huesos humanos de todos los que han muerto en la frontera. Si eres débil no llegas a cruzar y te quedas allí para siempre. Algunos gringos buena gente recorren el desierto en sus autos con la familia y dejan botellones de agua para ayudar a los migrantes. Otros gringos que son malos van a cazar ilegales con sus rifles".

- "Qué jodido" se quejó 'Julio Verne'.

- "Un amigo mío cruzó la frontera y se salvó de morir", mencionó emocionado el que estaba más borracho de todos pero que de pronto parecía ser el más sobrio. "Él se fue desde Perú por tierra hasta México. Un viaje muy largo. Se había preparado durante meses y me dijo que cruzaba o moría. Y casi se muere. Me contó que el desierto es inmenso y que el clima es insoportable. Los 'coyotes' los abandonaron a todos en medio de la oscuridad. No tenían agua ni comida. Mi amigo no podía más y dijo al resto del grupo que lo dejaran morir. Pero en el grupo habían dos serranos recios. Eran dos indios fuertes, esos que han trabajado la tierra toda su vida y que han cargado bultos. Buenas gentes los serranos, lo agarraron a mi amigo y lo llevaron cargado todo el camino. Entre los dos se turnaban para llevarlo. Y le salvaron la vida".

- "Yo no cruzo la frontera ni de loco", profirió 'Julio Verne. "Hay que estar bien desesperado para hacer eso".

- "¿Entonces cómo haces para irte de aquí?

- "Con visa".

- "A los peruanos nadie les da visa".

- "¡Casándote con un gringo!" vociferó la pequeña 'Anita', amiga de todos los gringos que llegan al puerto.

- "¡Eso es exactamente lo que voy a hacer, me voy a casar con una gringa para que me lleve!" gritó el 'Angelito'.

- "¡Y qué gringa tan tonta se va a casar contigo!"

- "Ayer conocí una cruda que se ha enamorado locamente de mí. Te apuesto lo que quieras que me lleva".

- "Buena idea, yo tengo mi amigo que ya es ciudadano en Estados Unidos, él se fue hace muchos años. Cuando se legalice el matrimonio de homosexuales allá, me caso con él".

- "Ja ja", se rieron todos.

- "Sólo para hacer la finta no más. Suave que yo no soy maricón".

- "Algunos que hacen eso, casarse con un gringo para irse, después se arrepienten. Una amiga se fue a Suiza y me dijo que la vida allá es horrible. Una noche fue al baño a las tres de la madrugada y el vecino del departamento de abajo se quejó del ruido con la policía. Además, los crudos son fríos. No se sabe si están tristes o felices, sus caras no te dicen nada. A mí me gustan los latinos que cuando les pica algo se rascan haciendo muecas en la cara".

- "Yo he conocido a un montón de gringos y eso de que son fríos es mentira" replicó 'Anita', "...todas las personas son iguales, tienen los mismos problemas y los mismos sentimientos, lo que pasa es que los gringos no son tan escandalosos como los latinos, son más reservados".

- "A mí me gustan las cholas, no las cambio por nada".

- "Más vale chola conocida que gringa por conocer".

- "Mi amiga se casó con un gringo. Era un inglés. Ella era de buena familia y sus padres estaban molestos porque se había metido con un gringo cochino. Muchos gringos que vienen son cochinos, no se bañan, son hippies, se drogan, se emborrachan y se meten con los bricheros. Los padres de mi amiga estaban furiosos y sus amigas la aconsejaban que se olvide del barbón. Pero saben qué pasó. El día del matrimonio, el gringo apareció en la iglesia bien bañadito y afeitado. Había sido bien churro y había sido hijo de millonarios. Lo que pasa es que estaba buscando alguien que lo quiera a él por lo que era y no por su dinero. Mi amiga se ganó. Ahora vive muy bien en Inglaterra".

- "Eso parece un cuento de hadas".

- "Es cierto".

- "La cosa es casarte por amor, si no, no vale".

- "Claro, si no, vas a sufrir".

- "No creo. Con el tiempo te enamoras, pero ya la hiciste".

- "Eso no importa. Te casas con una gringa, y si te va mal, te divorcias, pero ya tienes los papeles".

- "Mi prima se fue a vivir a los Estados Unidos y se casó con un gringo por los papeles. Vivía con él y todo, pero ella sólo lo hizo por la residencia y el gringo se templó. Apenas ella consiguió su residencia, se divorció; y el gringo se suicidó. Bien bonita es mi primita".

- "Ese gringo estaba loco".

- "Mi tío también se fue a Francia. Regresó después de varios años. Ahora es mi tía. Allá se cambió de sexo".

- "La gente se va, no sé por qué. Los gringos me

dicen que en sus países todo es aburrido y material. Se sienten solos, no hay amigos, no hay familia, solo preocupaciones y estrés. Me dicen que aquí es mejor porque hay niños, amigos, alegría".

- "Claro, eso dicen porque vienen de vacaciones. A ver que se queden a vivir, después de unos años se quieren regresar volando".

- "Cierto, el Perú para vacacionar es el paraíso".

- "Si te quedas a vivir en cualquier país, al final es la misma cosa".

- "No creo. Será lo mismo en que tienes que trabajar para vivir, pero no es igual en las condiciones en que vives".

- "Los gringos no saben nada. Ellos vienen y no aprenden nada. Toman fotos y se van".

- "Por eso cuando vienen se juntan con los bricheros. Yo he visto unas gringas bien bonitas con unos delincuentes. Las gringas son unas tontas".

- "Los gringos solamente paran con cholos y con indios. Bueno hay cholos e indios buenas gentes, pero ellos se juntan con los peores".

- "¡Racista!".

- "¿Y quién no es racista?"

- "Eso es cierto, pero cuando los gringos se quedan a vivir acá, al final son peores que los peruanos. Yo conocí una inglesa que cuando recién llegó tenía un montón de amigos cholos. Después de varios años de estar en el Perú odiaba a los cholos. Se volvió más racista que un pituquín de Miraflores".

- "Eso pasa porque casi todos los cholos son malos. Y justos pagan por pecadores".

- "Los gringos son los más malos. Ellos someten y colonizan al mundo".

- "Yo quiero que Perú sea una colonia estadounidense".

- "Sí, buena idea. Estado Libre Asociado".

- "Claro, y así estaremos mejor y ya no nos piden visa".

- "Difícil que pase eso. Yo voy a brichear todos los días a la playa. Voy a conocer una gringa y casarme con ella. Y me voy de este país, aquí no pasa nada".

- "Yo también. Mi mamá no quería, pero ahora me apoya. Ella decía que espere a que la situación mejore, pero mi tío le dijo que cuando él era joven pensaba lo mismo, esperaba que la situación mejore, y ya han pasado más de treinta años, y mi tío dice que ahora es peor".

- "Lo mejor que podemos hacer es irnos".

- "Tan mal está el Perú que la gente se va hasta a Chile, un país de cuarta categoría".

- "Entonces nosotros somos un país de quinta categoría".

- "Más o menos, por ahí vamos".

- "Lo único que sé, es que ustedes dicen que se van desde hace varios años, y hasta ahora no hacen nada de nada".

Los racistas

> *"Prefiero a los gringos porque son lindos y civilizados"*
>
> Una chica que trabaja en una agencia de turismo.

Normalmente, los racistas exaltan la superioridad de la raza propia. Extrañamente, los perseguidores racistas peruanos de turistas extranjeros exaltan la raza ajena y menosprecian la propia. Se marginan ellos mismos y adoran e idolatran a los extranjeros oriundos de los países desarrollados, especialmente a los de raza blanca. Por esta razón, prefieren su compañía de manera incondicional. Por el otro lado, sienten cierta aversión hacia sus semejantes de su misma raza.

"Todos somos racistas, y quien diga que no, es un mentiroso. Aquí en el Perú, el peor insulto es que te digan cholo o indio. Y eso, a pesar de que casi todos son cholos o indios en el país. Recuerdo que una amiga tanto se enojó conmigo que me gritó: '¡indio!'. Ella era una chica cusqueña, y la verdad, era más india que cualquiera. Lo que pasa que indio es un insulto y ella lo aprendió cuando era pequeña. Yo soy sincero, a mí me gustan las gringas porque son bonitas. A todos los peruanos les gusta los gringos. Las peruanas se mueren por su príncipe azul, y ¿cómo es un príncipe azul?, pues, rubio, blanco y con ojos azules. ¿O alguien conoce un príncipe azul que sea cholo, negro o indio?. Claro que hay gente que es chola o india que es muy bonita y también gente buena. Pero el problema es que son eso, son cholos e indios. Y ser cholo o indio en el Perú es una desgracia. En este país racista, habitado por racistas y gobernado por racistas, el blanco tiene un punto a su favor. Sólo eso ya te da una ventaja sobre el resto. Mira los avisos de empleo en los periódicos, siempre exigen 'buena presencia' ¿Y qué significa buena presencia? pues simplemente que no seas ni cholo ni indio. O al menos que tengas bastantes rasgos de blanco para disimular que eres cholo, porque como todos saben, la mayoría en el Perú es chola. Pero ¿por qué ser blanco es mejor que ser cholo? bueno, el blanco conquistó, ganó, y ahora tiene el poder, tiene dinero; el cholo y el indio han perdido, han sido marginados, han quedado atrás. ¿Y de quién es la culpa?. Yo no le hecho la culpa a los blancos. Los Incas conquistaron y ganaron y marginaban a los demás, y eran indios. Los chinos, japoneses, egipcios u otros conquistaron y dominaron. Y todos ellos no eran blancos y se comportaban como los blancos de ahora. Los Incas, en este sentido, eran más blancos que los blancos modernos. Te sometían, te dominaban, te marginaban. La culpa de la situación es de los mismos cholos e indios que se dejan hacer lo que se dejan hacer. No hacen nada por cambiar la situación. Bueno, mucha gente dice que son atrasados porque son indios y cholos, pero no creo, los Incas progresaron y eran indios. Bueno, lo que quiero decir es que yo prefiero estar con los gringos porque ellos son mejores y porque me siento bien con ellos.

Son educados, simpáticos, interesantes, cultos y tienen un buen estilo de vida. Me gustan las gringas porque son bonitas. Está bien, hay indias y cholas lindas, y son más sensuales, pero son indias y cholas. Y yo quiero la compañía de los gringos porque así progreso y mejoro en mi vida. Es así. Ésta es la realidad. Hay que adecuarse a la realidad. Si hasta Dios es blanco ¿Cómo es Dios? ¿has visto las fotos? Dios es un viejo con barba blanca, y por supuesto, es un gringo ¿Y Jesucristo? ¿has visto los calendarios en las paredes? Cristo es blanco, rubio y sus ojos son azules. En la sierra, casi todos los campesinos tienen en sus casas un almanaque con una foto de Cristo. Y allí está Cristo, blanco y con ojos azules. Algunos Jesucristos tienen el cabello negro, otros el cabello rubio, pero igual son blancos. Recuerdo que una vez conocí a un chico suizo. El suizo era un hippie. No se bañaba y vivía como pobre. Bien sucio era el suizo. Un día llegó a un pueblito que queda cerca de Cusco, y como el tipo era rubio, tenía barba y el cabello largo y los ojos azules, los campesinos creían que él era Jesucristo. El suizo estaba feliz porque decía que él era un humanista y que quería ayudar a la gente necesitada. Se creía Dios y estaba viviendo un sueño. Bueno, eso es lo que decía entonces. Hace poco vino un brichero de Suiza que también lo conoce y me contó que ahora el suizo trabaja en un banco suizo cuidando el dinero de los ladrones corruptos y de los criminales del tercer mundo. Mi pata se emocionó al verlo y lo saludó contento, pero el suizo ni bola le dio. Bueno, esta es la verdad, los gringos son mejores en todo sentido y yo quiero tener amigos gringos solamente. Y si algún día me caso, me caso con una gringa. Hay que mejorar la raza. Yo quiero que mis hijos salgan gringuitos y colorados. Así es mejor para su futuro ¿O alguna vez has visto en un buen colegio o en un buen club a algún indio o a algún cholo? Si están allí es porque trabajan en la limpieza o de vigilantes. Así es nuestro querido Perú. Es un país racista. Creo que es el país más racista del mundo" Son las palabras serias de un desocupado eterno estudiante universitario dedicado a la persecución de amigos turistas.

"Al racismo lo tenemos incrustado en nuestras cabezas. Yo sé lo que es racismo. Yo soy de la sierra y a mí me tratan peor que a un perro", se lamenta una agradable señorita ayacuchana quien con una voz dulce y triste a la vez, continúa: "Vienes a la ciudad, estudias y trabajas para seguir adelante, pero la gente te margina. No te dan trabajo porque eres serrana. Estudias de todo, secretariado, computación, idiomas, todo estudias. Pero ya se sabe que no te van a dar trabajo. Para que te den trabajo tienes que cambiar tu persona, tienes que vestirte como ellos, tienes que hablar como ellos, tienes que menospreciar lo que eres. En Miraflores había un señor limeño que se reía porque el gobierno le vendía pasaportes peruanos a los chinos. Decía que por qué el gobierno no nos cobraba a los serranos para venir a Lima. Todos nos quedábamos callados. Qué le podías decir. Cuando yo vivía en mi pueblo, a veces llegaban turistas de Lima. Eran bien amables y nos regalaban dulces y chocolates. Pero cuando vine a Lima sólo me aceptaban como empleada doméstica en sus casas. Una señora me dijo que el indio era bueno en su tierra, que deberíamos quedarnos en nuestros pueblos. Decía que si veníamos a Lima no era bueno. Yo no quiero vivir toda mi vida como empleada doméstica, no lo voy a hacer. Los gringos que llegaban al pueblo eran bien buenos. Yo le conté a uno de ellos que a mi hermana la vendieron, que ella se fue a trabajar a la selva para una señora que la trataba mal, que ella se escapaba para llorar sola, que ella comía tierra al lado del río y que ella ahora es alcohólica. Los gringos me ayudaron y me dieron dinero para estudiar. Bien buenos los gringos. Por eso yo quiero a los gringos, porque son buenos. No son malos como los peruanos blancos. La señora donde trabajaba en Lima se molestaba porque no conseguía empleada. Enojada estaba. Decía que quién iba a lavar su ropa. Haraganes son aquí. Y su esposo le dijo que cuando la situación económica mejora en el país es más difícil conseguir empleadas domésticas porque la gente conseguía mejores empleos. La señora se molestó y dijo: '¿Qué cosa? ja ¿que los serranos, los cholos y los indios van a hacer qué? ¡Si sólo sirven para criados, nada más! ¿Qué se han creído? ¡Qué tal conciencia!' Y yo la escuchaba calladita no más.

Pero yo sé que un día me voy a casar con un gringo y voy a ser la señora de la casa. Pero yo voy a hacer todo, criar a mis hijos, cuidarlos, cocinar y limpiar. No voy a ser una haragana y una mantenida como las señoras de acá".

Los lascivos

> *"El sexo es fácil con los turistas"*
>
> Un guía de turistas.

La lujuria es la característica principal de los perseguidores lascivos. La concupiscencia de los placeres carnales es la motivación que impulsa a esta clase de perseguidores a buscar turistas quienes son considerados promiscuos y fáciles de tomar sexualmente. Las relaciones sexuales con los extranjeros son las actividades placenteras más deseadas y demandadas.

"Todos los gringos y gringas que vienen buscan sexo. Son liberales, se emborrachan, se drogan y se acuestan con el primero que encuentran. Así son los extranjeros. En sus países hacen lo mismo, para ellos el amor no existe, sólo el sexo", comenta un lujurioso perseguidor. "La otra vez una gringa de

Alemania se molestó porque sabía que yo había estado con otras gringas. Oye, le dije, si tú vienes y viajas por varios lugares y en cada lugar que estás te acuestas con alguien. Lo único que hizo fue quedarse callada. Así es. Vienen a divertirse y nos utilizan como objetos sexuales. Después se van y no vuelves a saber nada de ellos. Los gringos y las gringas se meten con los bricheros y bricheras solamente porque son los únicos que se fijan en ellos. Los pitucos no se van a fijar en unos pobres gringos. Los pitucos sólo paran con otros pitucos. Los bricheros son de clase baja que no tienen nada que hacer. Están detrás de cualquier cosa como moscas y como los gringos no tienen otra compañía, aceptan a los bricheros. Ah, y debo aclarar, yo no soy brichero, yo soy un acompañante de gringas, esto es muy diferente. Yo gasto mi plata".

Los místicos

*"Los gringos vienen a buscar la espiritualidad que
no existe en su mundo material"*

Una recepcionista de un hotel.

Los místicos que persiguen turistas utilizan las
creencias religiosas para cautivarlos con el fin de
obtener algún tipo de beneficio. Muchos de estos
perseguidores no creen en lo que profesan, algunos
sí. Los místicos emplean todos los medios posibles
para convencer a su público: drogas, alucinógenos,
bebidas alcohólicas, poses, mitos, leyendas, rituales
e historias.

"Los turistas que vienen al Perú se sienten
libres de hacer muchas cosas. La mayoría quiere
probar todo. Son muy curiosos y fáciles de engañar",
asegura un autodenominado chamán andino místico
cusqueño. "Yo hago lo que quiero con ellos y me

creen todo lo que les digo. Lo que pasa es que en sus países la gente es más confiada, por eso ellos creen. Lo que no saben es que aquí en el Perú hay muchas personas mentirosas. Claro, yo me refiero a los turistas de los países avanzados, como Estados Unidos, Canadá, Japón y los de Europa occidental y del norte. No hablo de los turistas de otros países que también vienen al Perú, como los españoles, italianos, franceses, argentinos o chilenos que son más mentirosos que nosotros. Claro, en todo país hay todo tipo de gente, en todos los países se encuentra gente decente y gente despreciable, pero hay una tendencia y una generalidad. Los turistas quieren emociones y esperan descubrir cosas novedosas y trascendentales. Si les explicas científicamente sobre Machu Picchu o sobre los Incas, se aburren y no te escuchan. Si les explicas que se conoce muy poco sobre los antiguos peruanos, te miran decepcionados. Ellos quieren impresionarse y encontrar algo que les de un mejor sentido a sus vidas aburridas. Lo que yo hago es dar más emoción a sus viajes a través del misticismo. Por supuesto que el misticismo y la espiritualidad existen en todas partes. La vida no es solamente la materia, hay algo más allá que no podemos ver. Mi trabajo es enseñar a los turistas lo que existe más allá. Es cierto que les engaño y que algunas cosas las invento yo, pero esto no significa que no exista la energía mística. Mis métodos son falsos, pero sirven para llegar a la verdad que sí es real. La energía en Cusco es especial, las hojas de coca tienen mucho poder y los conocimientos de los antiguos sacerdotes son impresionantes. Algunas cosas son falsas, otras no, pero que hay algo de cierto, lo hay. Yo digo que soy chamán porque es mi negocio, pero trato de enseñar cosas que son verdaderas, claro exagero un poco, pero al final de cuentas, todo es posible. Yo hago rituales antiguos con los turistas, les enseño el verdadero significado de la pachamama o madre tierra, de las estrellas, de los apus o cerros sagrados, de los ríos, de los espíritus, de la hoja de coca, de las piedras, de las plantas y de los animales. Y ellos lo creen y se van contentos. Lo poco que sé les digo y ellos se van satisfechos. Encuentran nuevas ideas y creencias que ayudan a vivir mejor. Esto es bueno para ellos y esto es lo que importa. Si es verdad o mentira es lo de menos. ¿Acaso no nos engañaron que existe Papá Noel?. No importa si es verdad o no, lo que importa es que es bueno para los niños. Pero eso sí, lo que yo les enseño tiene mucho de verdad, el problema está en que los verdaderos chamanes no negocian con sus conocimientos ancestrales que han heredado por cientos de años. Ellos viven en lugares alejados de la civilización. Los paqos o sacerdotes andinos tienen poderes, saben hacer pagos a la pachamama, leen las hojas de la coca y se comunican con los espíritus. Pero ellos viven cerca de su apu, su dios masculino, y están unidos a su pachamama, diosa femenina que no pueden abandonar. La nieve del apu es el semen que fertiliza la pachamama a través de riachuelos y ríos. Por todo esto los paqos no pueden venir a la ciudad y los turistas no pueden acceder a sus lugares sagrados. Es un misterio que sólo algunos antropólogos conocen. Los brujos, curanderos y chamanes que viven en la ciudad son sólo negociantes. Un verdadero paqo no puede dejar su pachamama y su apu. Yo también soy un negociante, pero lo que sí sé, es que yo he visto leer la coca a un paqo y realmente es increíble. Aquí en la ciudad no pasa nada, aquí leen a todos los clientes con las mismas hojas de coca, y así no se hace".

Los traficantes de órganos

"Ellos tienen mucho dinero y pagan bien por su
salud"

Un agente de turismo.

Los perseguidores traficantes de órganos buscan 'turistas' a través de las organizaciones dedicadas al tráfico de órganos. En realidad, los 'turistas' son más bien clientes o pacientes extranjeros provenientes de los países ricos que 'viajan' por intermedio de otras personas en busca del órgano que necesitan con urgencia y que difícilmente encuentran en su país. A veces, los perseguidores son los mismos donantes.

"El tráfico de órganos es un negocio terrorífico. Mi esposo me contaba muchas historias sobre esto porque él estaba metido en el asunto. Los que buscan órganos en el Perú ya tienen sus contactos quienes se encargan de negociar en el extranjero. Es toda una mafia. A veces, me explicaba mi esposo, se presentaba alguien que quería vender su riñón porque necesitaba dinero. Le pagaban una cantidad y le sacaban el riñón. De allí hasta que llegue al cliente, el riñón pasaba por varias manos y cada uno ganaba su comisión. En el negocio están metidos un montón de gente bien decente. También mi esposo me contaba que algunos traficantes raptan personas y niños para sacarles sus órganos. Había una señora que hacía lo que sea por unos dólares. Un día raptó a una niña para sacarle sus retinas y la dejó abandonada en un cuarto. Imagínate a su madre cuando la encontró. Imagínate que será de esa pobre niña ¿Y tú crees que alguien hace algo por evitarlo? Roban niños pobres que a nadie les importa, sólo a sus padres".

Los traficantes de esclavos

"Algunos extranjeros buscan niños para que les
ayuden en las labores domésticas"

Una empleada de una agencia de turismo.

También existen perseguidores de turistas que con engaños consiguen niños para que trabajen en hogares de familias extranjeras. Como todo traficante, pertenecen a redes internacionales criminales. Estos niños esclavizados sufren de maltratos y abusos por parte de las familias que los compran.

Una señora muy seria y directa explica: "En los países adelantados es muy difícil conseguir empleadas domésticas, y además, es muy caro. Allá la gente tiene buenos trabajos y la mano de obra es carísima. No es como aquí en el Perú que consigues una chola, le pagas una miseria, la haces trabajar todo el día, le gritas, y si se porta mal la botas a la calle y te consigues otra más barata todavía. Así hacen todas las ociosas señoronas de la casa, ja ja. Esto no sucede en los países civilizados del primer mundo. Allá toda la familia realiza las labores domésticas. Los hijos aprenden a ser responsables desde niños y no son como los manganzones de acá. Okey, hay excepciones. También sucede que en los países industrializados existen algunas pocas señoronas que no quieren ensuciarse las manos. Bueno, también quieren su empleada pues. Pero eso sí, no van a pagar una fortuna a uno de allá, son bien tacañas. Quieren una niña pobre y fácil de amoldar que sea de un país atrasado como el Perú. Casi todas las familias que buscan una doméstica son oriundas de los países atrasados que ahora viven en los países ricos. La realidad es que las mujeres serranas, en su mayoría adolescentes, dejan sus pueblos y sus familias y emigran hacia las ciudades para buscarse un futuro. Como no tienen una buena educación ni buena presencia, consiguen trabajos de empleadas domésticas. Trabajan casi todos los días de la semana y reciben poco dinero por su trabajo que es menospreciado. Las maltratan, abusan de ellas, las marginan, pero aún así, soportan todo y trabajan sin protestar. Para las amas de casa peruanas es un regalo del cielo. Las cholas no tienen futuro y van a estar en la miseria toda su vida ¿Qué es mejor? ¿Ser una empleada doméstica en el Perú con un sueldo miserable y en condiciones infrahumanas? ¿O ser una empleada doméstica en el extranjero con un mejor sueldo y con un mejor trato? Incluso algunas familias venden a sus hijas para que trabajen en el extranjero. Y están felices. Ganan dinero y sus hijitas van a tener una mejor vida. Y por último, todos sabemos que hay esclavos en Perú, en Brasil, en Colombia, en Asia, África, en todo el mundo. Y a nadie le importa. Pero no es lo mismo ser esclavo en Perú que en Europa ¿Qué es mejor? Allá te tratan mejor y vives mejor".

Los traficantes de niños

"Los ricos que quieren ser padres vienen a los países pobres para comprar un hijo"

Una monja católica.

Adoptar un niño huérfano en un país pobre como el Perú es una buena acción. Lo lamentable es el tráfico y la adopción de niños por parte de personas indecentes con fines egoístas. Las familias extranjeras llegan al Perú en busca de su hijo a través de organizaciones internacionales que ofrecen niños en adopción. Los perseguidores traficantes de niños contactan con los futuros padres extranjeros a través de estas organizaciones. Las familias llegan al Perú como turistas y permanecen varios meses debido a los trámites burocráticos.

Una señora retirada de este negocio relata sus experiencias: "Algunas parejas no pueden tener hijos, entonces deben adoptar uno. Los extranjeros vienen al Perú para adoptar un hijo porque en sus países es más difícil. Aquí en Perú hay miles de niños que son fáciles de adoptar. No me refiero a los niños huérfanos que viven en los orfanatos, sería bueno que estos niños sin padres sean adoptados por los extranjeros, pero es muy difícil adoptar uno debido a la burocracia del gobierno y hay que coimear o sobornar a las autoridades. Más fácil es adoptar un niño que tenga padres. Los extranjeros le pagan a los padres y estos les venden sus hijos. Se hace el papeleo, se firman los papeles, se respetan los plazos y requisitos, y en unos seis meses ya está hecho. Es una pena, pero los niños huérfanos siguen huérfanos en los orfanatos por culpa del gobierno. Cuando recién comencé con este negocio pensé que todas las señoras que venían no podían tener hijos o que sus esposos eran estériles o algo así. Antes venían muchas italianas con sus esposos a buscar niños. Yo decía pobrecitas, no pueden tener hijos. Es natural que toda mujer quiera ser madre. La maternidad es algo maravilloso. Pero después de un tiempo supe que esas mujeres sí podían tener hijos, lo que sucedía era que no querían embarazarse para no malograr sus cuerpos o porque no soportaban las molestias del embarazo. Así me decían. Qué raro. Antes era un buen negocio, todos ganaban. Ganaba la familia que venía del extranjero para adoptar, sobre todo la señora que no quería tener su barriga, ganaba el abogado, ganaba el juez, ganaban los padres biológicos del niño y ganaba el niño porque de seguro iba a tener una vida en el extranjero mucho mejor que con su familia en el Perú. Las familias que dan en adopción a sus hijos son familias pobres. Reciben mucho dinero por sus hijos, más de lo que podrían ganar en muchos años de trabajo. Recuerdo que una señora se embarazaba todos los años y dio en adopción a sus tres hijitos a la misma familia italiana. Por cada uno ganó bastante plata. Yo creo que no tiene nada de malo la adopción de niños. Por desgracia, algunos con el cuento de la adopción llevan niños para el tráfico de órganos, para esclavizarlos o para prostituirlos. Esto malogra la adopción de niños. Hay gente mala en todos

lugares. Matar un niño para sacarle un órgano...
Vender un niño como esclavo... Vender una niña
para prostituirla. Hay gente mala. Y nadie hace
nada".

Los traficantes de drogas

"Algunos turistas vienen al Perú solamente por las
drogas"

Un vendedor de drogas.

Los vendedores de drogas frecuentan los lugares concurridos por turistas con el fin de ofrecerles droga. Estos perseguidores transitan por determinados parques, plazas, restaurantes y locales nocturnos donde usualmente se encuentran los turistas jóvenes en busca de diversión. Basándose en su experiencia, los traficantes ofrecen drogas a determinados turistas que poseen el perfil adecuado.

Claudio está sentado todo el día al borde del camino y de espaldas al mar. Lo acompaña su novia que llegó de un país lejano en busca de algo que ni siquiera ella sabe lo que es. Los dos transcurren sus vidas allí en la playa sin hacer nada útil. Conversan con los transeúntes, se miran las caras con gestos de fastidio, caminan un poco, dormitan, bostezan, discuten, se ríen. Allí está Claudio y su enamorada rodeados de gente como ellos. De pronto, él vislumbra a lo lejos un turista que se aproxima y sus ojos que parecían inertes comienzan a refulgir...

- "Mira, ves el peinado que tiene, es un rasta, ése seguro quiere yerba", dice Claudio mientras se pone de pie y ensayando su mejor sonrisa se acerca al turista...

- "Hola brother".

- "Hola", le responde el viajero amigablemente y reconociéndose mutuamente continúan el diálogo.

- "¿Estás buscando yerba?"

- "Sí", le responde sonriendo.

Claudio le dice a su novia que espere y se va con el 'gringo' por las calles del pueblo en busca de lo prometido.

José, por su parte, ufanándose, instruye sobre el tema de los turistas y las drogas... "Un brichero que ha viajado por todo el mundo y que conoce muchas cosas me ha dicho que en Europa casi todos fuman. Muchos turistas vienen al Perú y saben que aquí la cocaína y la marihuana son baratas, así que vienen a comprar para su uso personal mientras viajan por el país. A casi todos los gringos les gustan las drogas, y el que no ha probado, aquí encuentra que la tentación es fuerte. Los bricheros siempre tienen droga a la mano para hacer amistad con los gringos y gringas. Yo sí que no regalo nada, yo les vendo droga a los gringos y ellos pagan bien. Tú puedes cobrarles cuatro veces más y te pagan igual porque en su país es mucho más caro. Los bricheros con tal de agarrarse una gringa regalan coca o yerba. Yo conozco un brichero que cada vez que conoce una gringa o un gringo, lo primero que hace es sacar su moño de marihuana delante de ellos. Esa es su estrategia. En las fogatas o en las discotecas donde hay turistas siempre corre droga. Yo vendo, pero no consumo, ése es mi secreto como negociante, porque si caes en las drogas, perdiste. Los gringos se drogan porque son unos degenerados igual que los bricheros. Se meten en todo. Me refiero a los gringos drogadictos porque también hay los que no se drogan, pero hoy en día la gente decente es escasa. A mí se me acerca la mayoría de turistas, me preguntan si tengo coca o marihuana y cuando les digo que sí, se alegran los desgraciados. Hace una semana vinieron dos holandesas bien bonitas y estaban buscando cocaína. Unos bricheros zarrapastrosos al toque se hicieron amigos de las crudas estúpidas. Pero la peor es la 'chata Nina', esa mujer no tiene ni alma ni corazón. Es una bricheraza sin vergüenza. El otro día se encerró con tres gringos a coquearse toda la noche y a tener sexo con ellos, y eso que ella es casada cono un gringo, pero su esposo está trabajando en su país. La droga mata y yo no tengo problemas en venderla. El que quiere matarse que lo haga, esto es un negocio para mí. Después de todo, hago un favor a la sociedad ayudando a eliminar a la gente que no vale nada".

Los homosexuales

"Los gringos son liberales, sin tabúes, superados,
lindos, rubios y de ojos azules"

Un distribuidor de publicidad.

Gran parte de informantes afirma que determinados homosexuales persiguen y acosan casi exclusivamente a turistas de su mismo sexo y que en la sociedad son bastante conocidas las agresiones sexuales que cometen los homosexuales hacia las personas que no lo son. Las mujeres y varones homosexuales perseguidores de turistas atacan a quienes no lo son o buscan turistas homosexuales que tengan sus mismas inclinaciones sodomíticas, aseguran los entrevistados.

"Imagínate un gringo hermoso con un cuerpazo bronceado en la playa, sus cabellos dorados iluminados por los rayos del sol, sus ojos azules, pero azules como el cielo, y bien alto y musculoso", se conmueve Estíf, un homosexual declarado y confeso. "Yo soy gay, tengo mis gustos y no hago mal a nadie. Me gustan los extranjeros y soy amigo de ellos. Un gay sabe quién es gay, y entre nosotros nos reconocemos. Yo conozco gays de otros países, nos hacemos amigos y nos divertimos juntos discretamente. La discreción es importante para un gay. Yo no soy como esos bricheros maricones que están detrás de los gringos fastidiándolos, robándoles y acosándolos. Yo soy un verdadero gay, soy abogado y vivo cómodamente. No ejerzo la profesión porque tengo mis rentas y gracias a esto dispongo de tiempo para divertirme aprovechando mi juventud. Lo que quiero decir es que soy una persona instruida y de buena familia. No soy un travesti, un maricón, un brichero o un prostituto. Soy un gay. Y me gustan los gringos gays. En Perú estamos muy atrasados en materia de derechos civiles. Las parejas gays necesitan una ley que las protejan y que les otorguen derechos y deberes específicos. Así, los problemas de herencia, propiedad de bienes, problemas médicos, etc., se solucionan mejor. No es bueno la adopción de niños por parte de los gays porque ocasiona problemas de desarrollo a las criaturas. Eso no es bueno. Yo no soy un ignorante y reconozco que ser gay es algo especial. Los gays tienen problemas psicológicos debido a su situación particular y en algún momento de sus vidas han pensado en el suicidio. Y ningún gay quiere que sus sobrinos o hijos sea un gay, porque hay gays que son casados con mujeres y que tienen hijos. Ser gay significa una realidad que existe y que debes aceptarlo, nada más. Y hay que vivirlo con la mejor dignidad posible, discretamente, sin molestar a nadie. Este es el verdadero significado de ser gay. Yo no acepto que dos maricones adopten niños, se besen en las calles delante de la gente o que se vistan de una manera ridícula. Eso es otra cosa, eso es una mariconada. Lo gay es algo muy diferente. Hay muchos gays en todos los niveles de la sociedad, gente importante, muy inteligente y muy buena. Y nadie sabe que lo son. Y si públicamente son gays, saben vivir con dignidad, discreción y sin fastidiar a los que no son gays. Yo soy gay que gusta de gays extranjeros, nada más. No soy racista, sólo que tengo mis preferencias. Ah, y no me meto con cualquier gringo que encuentre. Eso sí que no. Porque también hay gringos que vienen y que son de clase baja en su país, y esos son la mayoría de los que vienen. Por eso se ve a las gringas con los bricheros y a los gringos con las bricheras. Pertenecen a la misma clase de gente. Sólo que unos son cholos y los otros son gringos. Pero esos gringos son cholitos en su país. A la clase alta o medio alta del Perú no les gusta los gringos. La gente educada y trabajadora del Perú trata de socializar con gente de buena familia. Los gringos mochileros desconocidos que vienen tienen fama de sucios, de promiscuos sexuales y de toxicómanos. No todos son así, pero la mayoría viene a drogarse, a acostarse con cualquiera y a deshonrarse. Los gringos vienen a hacer públicamente en el Perú lo que hacen a escondidas en su país".

Los proxenetas

"Para mí, el sexo es un negocio"

Una prostituta.

Algunas personas venden su cuerpo y sus favores sexuales por dinero solamente a los turistas procedentes de los países desarrollados. Muchas de ellas pertenecen a redes criminales organizadas en complicidad con determinados hoteles, otras se prostituyen independientemente. Los perseguidores proxenetas de turistas afirman que prefieren a los turistas porque éstos tienen más dinero y pagan más por sus servicios.

Ella es madre soltera, es muy joven y algún día quiere casarse con un buen hombre. Por ahora sólo le preocupa conseguir dinero para cubrir sus gastos y cancelar sus deudas. Al principio se avergonzaba del trabajo que hacía, pero ahora ya no le importa. Para ella, la prostitución es un trabajo y le produce dinero para poder vivir. Por supuesto que no quiere hacerlo toda la vida y espera retirarse algún día para formar una familia decente...

"Yo me prostituyo por necesidad. Yo he trabajado en otras cosas pero no me alcanzaba para mis gastos. Tengo un hijo pequeño y mi madre es pobre y no puede trabajar. Los hombres creen que soy una mujer mala y que no valgo nada. Creo que los hombres que pagan a las prostitutas son peores que ellas. Ellos son más sucios que nosotras. Yo he tenido un novio que sabía que yo era prostituta. Él era bueno conmigo y me ayudaba en todo. Quería que yo dejara este trabajo, pero después de un tiempo terminamos y ahora no sé nada de él. Yo empecé a trabajar en esto porque estaba desesperada. Conocí a un gringo y empezamos a salir juntos. Éramos como enamorados y él me invitaba a todas partes. Me daba regalos y me compraba cosas para la casa y para mi hijo. Me invitó a viajar y me pagó todos los gastos. Me compraba ropa, comida, cosas para mi mamá, era bien bueno. Después de un tiempo regresó a su país. Yo pensé en algún momento que tal vez me llevaba o que se iba a casar conmigo. Él nunca me dijo nada, y la verdad, yo sabía que él se iba a ir tarde o temprano. Yo nunca me enamoré de él, pero era una buena oportunidad para salir de esta situación. Después de esto conocí a otros gringos. Con la experiencia anterior aprendí a conocerlos bien. Los gringos vienen a divertirse un rato y después regresan a su país. Ellos buscan compañía y tienen mucho dinero porque en sus países ganan bastante. Yo me hago amiga de ellos y les soy sincera, les digo que tengo mi hijo, que no encuentro trabajo, que tengo mi madre enferma y así ellos me dan dinero. Pues claro, a cambio de todo lo que les doy tienen que pagarme, no hay nada gratis en esta vida. Soy una dama de compañía, mejor dicho. Está bien, es prostitución, pero no una prostitución descarada como hacen otras. Yo doy servicio de compañía a cambio de dinero que no es lo mismo. Hay otras chicas que dejan sus números de teléfono en los hoteles y sólo van por una hora para ofrecer sexo y nada más. Yo lo hago con los que me caen bien. Y no soy una brichera, porque las bricheras se hacen las tontas y les roban a los gringos, yo en cambio les digo lo que realmente quiero".

Los potenciales

"Cada peruano, en el fondo de su corazón, admira y
quiere a los gringos"

Un autodenominado brichero profesional.

Los potenciales no son perseguidores de facto, sino que tienen el deseo de conocer turistas pero no pueden o no tienen la oportunidad. Es decir, si se dieran los factores necesarios, los potenciales, si lugar a dudas, se convertirían en perseguidores de turistas. Los que más defienden la existencia de los potenciales son los perseguidores de turistas, éstos afirman que todo peruano quiere conocer 'gringos'. Muchos peruanos que no son perseguidores de turistas reconocen que les gustaría conocer a los visitantes extranjeros.

Un perseguidor de turistas conversa con uno que no lo es:

- "¿Cómo haces para conocer tantas gringos ah? Yo también quiero".

- "Yo voy a los pubs donde están ellos, allí los conozco".

- "Vamos ahorita".

- "Ja ja".

- "¡Explícame pues, yo también quiero conocer gringas!"

- "Tranquilo".

- "Claro, si las gringas son buenazas".

- "Simplemente tienes que ir a los lugares donde hay gringos".

- "Pero no tengo tiempo, preséntamelas tú que tienes tiempo y que las conoces".

- "¿Pero para qué quieres conocer gringas?"

- "Oye, si todo el mundo pudiese, sería brichero. Yo quiero ser brichero, el Perú es un país de bricheros, hasta nuestro presidente es el primer brichero".

- "¿Pero qué quieres hacer?"

- "Conocer gringas pues, qué más".

- "Está bien, si quieres un día salimos al pub que te digo".

- "Pero no tengo tiempo. Yo trabajo".

- "O.K.".

- "Pero con mi cara no creo que yo pueda conseguir una gringa".

- "¿Por qué?"

- "A ellas les gusta los autóctonos, los cholos, los indios. Yo he visto unas gringazas con puro cholo".

- "Sí, es cierto".

- "Siempre es así. Nunca he visto una gringa con un peruano blanco. Siempre que he visto una gringa con un peruano, está con un brichero recontra indio".

- "Sí, y no sólo con un indio o cholo, sino con uno bien feo. Porque hay indios que tienen su pepa también".

- "Claro, como tú".

- "Yo no soy indio".

- "¿Por qué las gringas o los gringos están con puros feos?"

- "Bueno, se sienten solos y quieren compañía. Además, les llama la atención lo que no hay en su país, es decir, indios y cholos".

- "Sí, puede ser. Pero sólo escogen indios feos".

- "Y no sólo eso, también escogen delincuentes".

- "¿Por qué?"

- "Qué se yo. Los que más buscan a los gringos son los bricheros. Esos son unos vagos y ladrones que se aprovechan, y como los gringos son confianzudos, creen todo".

- "¡Qué tontos!"

- "No me vas a creer, pero yo he visto unas gringas bien bonitas con unos indios que parecen amuletos de brujo".

- "No te creo".

- "Y encima las tratan mal. Y allí está las gringas, detrás de ellos como perritas".

- "Me voy a dejar crecer el pelo, me voy a poner un arete, me voy a hacer un tatuaje y me voy a vestir como indio".

- "Sí, eso ayuda".

- "Más bien me sorprende que tú seas un brichero".

- "Suave, yo no soy brichero".

- "Pero tú paras con las gringas".

- "Sí, pero yo no les robo, yo gasto mi propio dinero".

- "Yo también quiero conocer gringas, son bien mamacitas".

- "Sí, a los peruanos nos gusta la carne blanca".

- "¿Y cómo son como personas?"

- "No tienen moral. Los países ricos están en decadencia".

- "Es cierto, yo he visto sus programas de televisión. En mi época yo veía series de televisión que te enseñaban buenos valores para la familia, ahora los gringos hacen series en televisión que sólo te llenan la cabeza de porquerías".

- "A mí eso no me importa".

- "A mí tampoco, total, yo sólo quiero conocer gringas".

Los negados

"Con los gringos puedo hacer muchas cosas que yo
sólo no las puedo hacer en mi propio país"

Un guía de turismo.

Este tipo de perseguidor, los negados, ansía la compañía de los turistas extranjeros para sentirse más respetados en una sociedad que los margina de muchas formas.

Un grupo de jovenzuelos desocupados ofrece sus opiniones en la ciudad de Cusco:

-   "Si eres pobre, cholo, negro, indio o serrano, te marginan en todas partes. Te insultan, te desprecian, te miran con desdén".

- "Sí, es cierto, incluso los mismos guachimanes que son cholos o negros no te dejan entrar porque son órdenes del dueño que es otro cholo".

- "En los locales turísticos del Cusco los dueños son cholos, también los porteros, los empleados y los boleteros que ofrecen pases, pero marginan a sus propios paisanos".

- "Sí, así es. Yo conozco a un grupo de cusqueños que aquí dicen ellos que son blancos. Ellos son los pitucos de Cusco, tienen dinero y se han educado en colegios particulares de curas católicos. Pero cuando van a Lima son unos serranos y los marginan. Allá ya no son tan bacanes como acá. Allá se quedan calladitos. Porque a los colorados serranos se reconoce al toque".

- "Yo, cuando estoy con los turistas me siento bien. Me dan pases a las discotecas, me dejan entrar en los pubs, puedo comer en buenos restaurantes. Si estoy solo no me dan nada".

- "Mira a todas las familias con plata en el Perú, todas son blancas. También hay cholos con dinero, pero son cholos y no pueden entrar a la sociedad".

- "Pero el dinero ayuda. Si tienes mucho dinero te blanqueas como por arte de magia".

- "Por esto yo tengo muchos amigos gringos. Yo soy una chica simpática y no tengo dinero. ¿Cómo puedo divertirme sin dinero?. Aquí me marginan, pero cuando estoy con los gringos me abren las puertas de todas las discotecas".

- "Eso es cierto. Yo siempre voy al campo a caminar, pero cuando voy con un gringo, la gente sonríe, es amigable y me trata mejor".

- "A mí me gusta andar con gringos porque tienen dinero y te puedes divertir con ellos. A los gringos les aguantan cosas que a un peruano no".

- "Cuando estoy con los gringos me siento bacán porque todos me miran".

- "Sí, es cierto, ayer estuve con dos chicas suecas rubias, altas y bonitas. Caminaba por las calles con ellas y los patas miraban con envidia, admiración y respeto. A cualquier lugar que íbamos nos trataban bien, pero cuando voy solo a algún lugar me tratan mal. Si vas al banco, al restaurante, a algún negocio a comprar algo o alguna entidad pública, te tratan como a un perro. Las cajeras del banco se creen las dueñas del banco, los porteros se creen los gerentes y los empleados se molestan en atender, pero si voy con unas gringazas todos son simpáticos".

- "Así es el Perú. Para ser modelo de televisión tienes que ser rubio y para ser respetado tienes que ser blanco. Si algún día me caso con una gringa, seguro que me eligen alcalde en mi pueblo".

- "Los peruanos son unos huachafos".

- "Creo que nosotros también porque al estar con gringos nos creemos algo que no somos. A ellos los admiran, pero a nosotros creo que así nos desprecian más".

- "El peruano es envidioso".

Los ladrones

"Yo robo a los turistas porque siempre llevan
dólares y cámaras"

Un ladrón.

Los ladrones que se dedican exclusivamente a robarles a los turistas afirman que lo hacen porque los extranjeros son fáciles de robar, son ingenuos, desconocen los peligros y siempre llevan dinero y objetos de valor.

"Durante todo el día recorro los lugares frecuentados por los turistas. Prefiero los sitios arqueológicos donde hay poca gente. Espero a que el turista se descuide y le agarro algo, cualquier cosa, una bolsa, lentes, lo que sea. Es un trabajo que necesita de paciencia, observación y mucha suerte.

En las noches es más relajado, camino por los restaurantes, discotecas, pubs y parques. Siempre tengo la oportunidad de encontrar algo a pesar de que la competencia es fuerte. Los que nos dedicamos a esto ya nos conocemos y tratamos de ayudarnos cuando se da la oportunidad o de evitar quitarnos al cliente" explica un enjuto ladronzuelo.

"Yo soy bien sociable y me hago amigo de los gringos. No sé, pero les caigo bien. Me río con ellos y me gano su confianza. Les ofrezco ayuda en todo y si quieren un guía, drogas, información, piedras incas originales, lo que sea, yo les digo cómo conseguirlos. Tengo amigos que me ayudan, ellos se acercan mientras yo converso con los gringos y me hacen propaganda para que ellos piensen que soy de confianza. Bueno, al final les saco plata y nunca más me vuelven a ver. El resto es secreto profesional. La policía me conoce, bueno, ellos no hacen nada y quieren su comisión. Ah, me olvidaba, los turistas más fáciles de robar son los recién llegados. No conocen nada ni a nadie, están cansados, cargan sus mochilas y no pueden correr, así es que lo único que hago es quitarles sus cámaras o cualquier cosa" confiesa muy risueño un adolescente.

Los pederastas

"Algunos turistas buscan niños para tener sexo,
ellos tienen dinero, buscan diversión y siempre
quieren mucha discreción"

Un recepcionista de un hotel.

Los cazadores de turistas pedófilos trabajan en el turismo sexual infantil. Conforman una red organizada de muchas personas que ofrecen niños a turistas pedófilos, muchas veces con el consentimiento de los padres. Son poquísimas las personas que combaten en contra de este asqueroso e inaceptable tráfico sexual de inocentes niños.

Una mujer anónima cuyo ex-esposo traficaba con niños escribe: "Lo que él hizo no tiene perdón.

Él lo sabe. Tal vez sea el peor crimen que exista. Los que prostituyen a los niños están libres y los turistas pedófilos que vienen con sus bellas sonrisas también lo están. Los padres de los niños dañados para siempre parecen estar tranquilos y la policía sólo se interesa por el dinero que pueda ganar. A nadie le interesa este tema. El otro día vi en televisión por cable un documental sobre la prostitución infantil en la India. Lo pasaron a las tres de la madrugada y seguro que nadie lo vio, y si alguien lo vio por casualidad, seguramente habrá sentido un poco de incomodidad sólo durante algún momento. Así son las cosas en este mundo que todos nosotros construimos. Allí había una chica de quince años de Nepal que hablaba con una linda sonrisa. Ella estaba sentada en un bello campo rodeada de árboles y de niños. El día luminoso que la acompañaba era hermoso. Sus palabras y su mirada expresaban tanta inocencia e ilusión. Ella había sido vendida por sus padres a los once años de edad. Los traficantes de niños la habían prostituido hasta los catorce años. El primer día de su cruel esclavitud había sido violada por catorce hombres. Ahora ella vivía en un refugio construido por una mujer que había experimentado el mismo terror. No tenía mucho tiempo y pronto se iba a morir porque estaba gravemente enferma. Pero sonreía. Y decía que si no hubiese sido vendida por sus padres, le hubiese gustado estudiar, casarse y tener hijos. Los traficantes de Tailandia, China, o Perú, que son peores que cualquier terrorista, continúan impunes. La policía sólo se interesa en el dinero, y los gobiernos, en su seguridad y economía. Y los sucios clientes, ya sean locales o turistas europeos o de dónde sea, caminan por las calles sintiéndose inocentes. Todo lo que significa la prostitución y la esclavitud en todas sus formas continúa existiendo delante de nuestros ojos. Estados Unidos y otros países que poseen tanto poder deberían utilizar toda su fuerza militar para eliminar también a estos peores terroristas. Yo no sé qué sucede con nosotros. Las leyes defienden a los culpables y atan las manos a la gente decente. Los derechos humanos son sólo para los humanos no para los inhumanos. Los traficantes no son humanos, los esclavizadores no son humanos, los padres que venden a sus hijos no son humanos, los clientes de la prostitución no son humanos, los policías corruptos no son humanos, los abogados de los traficantes no son humanos. Ellos son exactamente todo lo contrario a lo que significa el ser humano. En el Perú también existe el tráfico de niños para prostituirlos. Lo hacen sus padres, los delincuentes, los bricheros, los pedófilos, los proxenetas. Y lo hacen con la pasividad de las autoridades y de la sociedad. Nadie quiere ensuciarse las manos. Las pocas buenas personas que desean eliminar el mal siempre están en desventaja y en el olvido".

Los bricheros

*"Yo me dedico al bricherismo porque me gustan los
gringos, es fácil y no tengo nada más qué hacer"*

Un autodenominado brichero aficionado.

Generalmente, en el Perú, se denomina brichero
a toda persona local que socializa preferentemente
con los turistas extranjeros. Con seguridad, los
bricheros existen desde las primeras migraciones en
los albores de la humanidad cuando algunas bandas
'locales' contactaban otra bandas 'extranjeras'.
Según los testimonios, al brichero se lo distingue por
ser un individuo -varón o mujer- simpatizante de los
'gringos', de clase socioeconómica baja y con rasgos
indígenas pronunciados. El brichero persigue a los
turistas con el fin de obtener algún beneficio por

cualquier medio, incluso formando alianzas con otros bricheros, sus enemigos naturales.

"Yo he sido brichero en los años cuarenta", recuerda un lúcido anciano socarrón..., "mi madre se enojaba porque yo me escapaba para estar con los gringos cada vez que llegaban al pueblo, lo cual era un verdadero acontecimiento. No recuerdo por qué venían, y la verdad, ni me importaba. Hacían trabajos medios raros. Decían que venían a hacer obras, a ayudar a la gente, pero todos decían que eran espías y que se robaban nuestra riqueza. Yo era muy joven y sólo quería estar con los gringos y besar a las gringas. Ellas eran bellas y bien fabricadas. Me regalaban cosas y me llevaban a pasear. Algunas gringas eran casadas, pero igual se acostaban conmigo. Cuando llegaron los españoles para conquistarnos y robarnos el oro también había un montón de indias bricheras. Se iban a vivir con los españoles y así escapaban de los abusos. Cada blanco que viene es un conquistador y nos mira con ojos de superioridad y desprecio. Se ríen, te hablan, pero en el fondo de su corazón, son igualitos que los conquistadores. Por eso yo les quitaba sus mujeres, esa era mi venganza. Claro que en esa época los gringos que venían eran poquísimos. Venían familias enteras y yo me metía con sus esposas. Sólo con los gringos me gustaba estar, todo el día. Hasta me llevaron a Europa y allá viví en un pueblo bien bonito. Parecía una pinturita el pueblo. Yo era el único extranjero allí, todos me trataban bien, las chicas querían conocerme y hasta salí en el periódico local. En ese entonces los peruanos en Europa eran cosa rara porque sólo viajaban los peruanos con dinero. Ahora los que viajan son los peruanos sin dinero. También había un africano bien negro en el pueblo. Los dos éramos las chocheras de la gente. Ahora es al revés, como hay tantos latinos y africanos por allá, ya son un fastidio. Sin duda, una cosa es un extranjero en el pueblo y otra cosa es un montón de ilegales. Después me regresé al Perú porque no me acostumbraba. En mis tiempos mozos había más respeto, ahora todo está envilecido. El verdadero brichero era el peruano que lograba irse a Estados Unidos o Europa con su pareja extranjera. Ahora cualquier pirañita ignorante que está con un gringo es un brichero. Siempre sucede que los primeros son los auténticos. Después todo se degenera".

Dos chicas menudas y tres chicos quemados por el sol, quienes se ufanan de ser 'bricheros profesionales', describen su oficio sin disentimientos: "Somos bricheros por vocación, nos gusta y lo hacemos porque es divertido. El bricherismo es un vacilón, estás con los gringos, tienes sexo, te vacilas, la pasas bien, haces lo que quieres todo el año, no tienes preocupaciones y sólo vives la vida. La libertad, la noche, el alcohol, las drogas, el sexo y los gringos son los mejores aliados de los bricheros. La gente dice que nos aprovechamos de los gringos y no es cierto. Las personas que piensan que los bricheros son los malos y los gringos los buenos se equivocan. El que no es brichero no puede opinar. Los gringos saben lo que buscan y nosotros se los damos. Si quieren bailar, bailamos; si quieren chupar, chupamos; si quieren sexo, lo hacemos; si quieren drogas, nos drogamos; si quieren viajar, viajamos; si quieren ir al cine, vamos; si quieren correr, corremos. Qué más quieren. Sin nosotros, los gringos se aburren. A cambio de nuestra compañía naturalmente les cobramos, es lógico, no somos baratos. Les cobramos caro nuestra compañía. La gente cree que ellos son unos santitos porque son gringos. Son peores que nosotros. Ellos saben quiénes somos y están con nosotros, además, no los obligamos a estar con nosotros, vienen solitos. ¿Quién puede decir algo?, nadie. Nosotros hacemos todo lo que ellos quieren, les damos todo lo que buscan, les ayudamos en todo y hacemos todo esto porque nos gusta. Es cierto que hay bricheros que les roban, que les estafan, pero no todos. La culpa es de los mismos gringos. Bastantes gringos son zonzos y también son vivos al mismo tiempo, es decir, algunos gringos se hacen los tontos, pero no lo son. Al menos eso creen. Pero, en realidad, sí son tontos. Algunos cuando tienen problemas se quejan. ¿De qué se pueden quejar?, si ellos son peores. Nosotros hacemos lo que ellos hacen, nada más y nada menos. No pueden quejarse. Nosotros, los bricheros, somos el reflejo exacto de los gringos. Gringo que está con un brichero, es un brichero. Ningún gringo que ha estado con un brichero puede hablar mal de un brichero. Es obvio que también vienen gringos decentes y de buenas familias al Perú, pero esos gringos no van a estar con un brichero. Nosotros los bricheros reconocemos quiénes somos y qué clase de vida tenemos. Y los gringos que tienen nuestra clase de vida, tarde o temprano, nos encuentran. Y hacemos las cosas juntos, nos divertimos juntos y ellos pagan los gastos porque ellos tienen el dinero. Después se van y buscan otros bricheros en otros lugares para hacer lo mismo. Y algunos gringos se van a su país para trabajar y ahorrar plata para regresar al Perú para buscar más bricheros. Allá no son nada y nadie les hace caso. Aquí se sienten bien porque nosotros les hacemos caso, hacemos todo lo que ellos quieren y no los juzgamos. Gracias a nosotros se sienten algo en la vida".

GLOSARIO

Apu	Montaña sagrada.
Bacán	Simpático, buena gente, agradable, lindo.
Bamba	Falso, fraudulento, imitación burda del original.
Brichero	Persona que socializa principalmente con los turistas extranjeros oriundos de los países desarrollados.
Cholo	El cholo es el indio o descendiente de indios que vive en la ciudad, que se ha aculturado y que ha adoptado algunos rasgos culturales occidentales.
Chupar	Beber bebidas alcohólicas.

Coima	Soborno. Coima es la dádiva con que se soborna a la autoridad o empleado del gobierno.
Crudo	Gringo, en el sentido de extranjero de piel muy blanca. Se refiere al pan sin hornear que es blanco.
Gringo	En sentido estricto, se refiere a los estadounidenses blancos. Por extensión tiene varias acepciones que señalan a todos los extranjeros de raza blanca, principalmente europeos, norteamericanos y australianos.
Huachafo	Persona que quiere aparentar algo que no es resultando ridícula en el intento.
Guachimán	Vigilante, portero.
Indio	Indio campesino que vive en zonas rurales.
Maleta	Chismorreo, calumnia, difamación.

Mestizo	Descendiente occidentalizado de indios e hispanos.
Pachamama	Madre tierra.
Paqo	Chamán andino.
Pata	Amigo, conocido, varón.
Pepa	Aspecto bello de una persona.
Piraña	Delincuente, ladronzuelo de poca monta.
Pituco	Idealmente, el pituco es la persona adinerada y refinada de la clase alta. Pero también se les llama pitucos a los que aparentan ser refinados de clase alta porque tienen algo de dinero cayendo en la huachafería.
Serrano	Habitante de la sierra.
Vacilón	Jolgorio, jarana, diversión.
Viveza criolla	Astucia deshonesta con el fin de obtener algún beneficio.
Vivo	Astuto.

INDICE ANALITICO